KB274090

문예림

꿩먹고 알먹는 루마니아어 첫걸음

김정환 지음

문예림

저자 김정환

김정환은 1968년 부산에서 출생하였다. 한국외국어대학교 루마니아어과를 졸업하고 동대학원에서 수학하던 중 국비유학생으로 루마니아에 유학하였다. 루마니아 부쿠레슈티대학에서 상징주의 연구로 루마니아문학박사 학위를 취득하였고, 현재 한국외국어대학교 루마니아어과 교수로 재직 중이다. 한국동유럽발칸학회 편집이사 등을 역임했으며, 2007년 루마니아 정부로부터 루마니아 교육공로훈장 기사장을 수여받은 바 있다. 저서로는 《구비문학 연구의 길찾기(공저)》, 《한국 동유럽 구비문학 비교연구(공저)》, 《동유럽 발칸 민주화와 문화갈등(공저)》 등이 있으며, 역서로는 《동유럽 사람들은 삶을 어떻게 노래했을까(공역)》, 《동유럽 사람들은 삶을 어떻게 이야기했을까(공역)》, 《제오르제 바코비아 시선집 – 납》, 《교수된 자들의 숲》 등을 국내에서, 그리고 《Cheon Sang Byeong – Întoarcerea în Cer(천상병 시선집 – 귀천)》, 《Yi Sang – Aripi, Opere Alese(이상 작품선 – 날개 외)》 등을 루마니아에서 발간한 바 있다. 논문으로는 〈미눌레스쿠와 바코비아의 시에 나타난 도시의 이미지 연구〉, 〈1989년 루마니아 혁명 이후 출간된 저널리즘 텍스트를 통한 루마니아 시대상 연구〉, 〈마체돈스키의 론델과 미눌레스쿠의 로망스 비교연구〉, 〈루마니아 구비서사시의 특성과 형태〉, 〈발라드 해와 달의 구조적 분석과 모티프〉, 〈잠피라의 결혼에 나타난 통과의례 결혼에 대한 모티프 분석〉, 〈바코비아와 보들레르의 시 속에 나타난 멜랑콜리〉, 〈한국 · 루마니아 구비문학에 나타난 용 · 뱀의 양상〉, 〈루마니아 기록문학 형성에 미친 구비문학의 교섭양상〉 외 다수가 있다.

한글만 알면 펑 먹고 알 먹는
루마니아어 첫걸음

초판 2쇄 발행 2026 년 1 월 20 일

지은이 김정환
펴낸이 서덕일
펴낸곳 도서출판 문예림

출판등록 1962.7.12 (제 406-1962-1 호)
문의사항 카카오톡 "도서출판 문예림" 대화 신청
전자우편 info@moonyelim.com
홈페이지 www.moonyelim.com

ISBN 978-89-7482-569-0(13790)

값 18,000원

머리말

동유럽 발칸의 역사와 문화의 숨결이 살아 숨쉬는 동유럽 라틴의 고도(孤島) 루마니아는 금빛처럼 아름다운 사람들과 문화를 간직한 곳으로 아직 우리에게 생소한 곳이기도 하다. 루마니아는 역사적으로나 문화적으로 그 어떤 유럽의 국가들에 뒤지지 않는 문화적 유산과 삶의 여유를 지니고 있는 잠재력의 나라이다.

기원전 약 200년전 오늘날의 루마니아 땅에 정착한 '트라코 다치아(Traco-Dacia)' 또는 '제토 다치아(Geto-Dacia)'인이라고 불리던 토착민들이 기원후 106-271년 사이에 루마니아를 점령한 로마인들과 혼합되어 생성된 민족이 오늘날의 루마니아 인들이다. 고대 로마의 전통을 이어받아 생성된 루마니아인들은 오늘날까지 동유럽 유일의 라틴계 민족으로 문화의 근저에는 '라틴성(Latinitate)'이 늘 자리하고 있다. 이러한 '라틴성'은 언어와 민족성 그리고 종교 면에서 다른 동유럽 주변국과 구분되는 대표적인 변별성으로 루마니아인들은 라틴어에서 파생된 어원과 문법구조를 가진 로망스어족으로 루마니아어를 사용하고 있으며, 종교적으로는 루마니아 정교회를 국민종교로 갖고 있다.

언어와 종교의 전통성에 기인하여 루마니아 문화 예술은 발전, 성숙되어 왔다. 또한 서유럽과 동유럽을 연결하는 문화의 경유지로서 동·서유럽의 다양한 문화유산과 역사가 보존되어 있다. 수세기를 거쳐 오는 동안 루마니아 민속 예술, 전통음악과 춤, 목공예, 도자기 공예, 건축, 뜨개질과 자수, 성화, 민속학 등은 원형을 잃어버리지 않은 채 오늘날 문화와 예술의 근간을 이루고 있다.

2차 대전 전까지만 해도 루마니아의 화폐인 레이(lei)는 유럽 5대 화폐중의 하나로 루마니아는 명실 공히 문화·경제의 중심지로 자리 매김을 하였다. 단지 20세기 후반 체제가 만들어낸 이데올로기의 희생으로 인하여 다소의 정치적·경제적 어려움을 겪은 바 있으나, 과거로부터 전승된 종교, 문화적 유산을 바탕으로 21세기의 잠재력을 인정받는 국가로 평가되고 있다.

루마니아인의 삶과 문화 그리고 아름답고 신비로운 루마니아에 대한 이해의 첫발은 매개의 수단인 그들의 언어를 통해 가능할 것이다. 이러한 점에서 "꿩먹고 알먹는 루마니아어 첫걸음"의 발간은 아주 반가운 일이다. 그동안 국내에서 루마니아어를 습득할 수 있는 길은 한국외국어대학교에 개설된 루마니아어과 학위과

정과 동대학 부설 국제사회교육원의 단기어학연수과정 외에 매우 제한적이었다.

"꿩먹고 알먹는 루마니아어 첫걸음"은 누구나 쉽게 루마니아어를 배울 수 있도록 쓰였다. 루마니아어를 처음 접하는 학습자로 하여금 기본적인 루마니아어 문법은 물론 어휘 그리고 사용 빈도수가 높은 문형과 상황을 큰 어려움 없이 습득할 수 있도록 배려되었으며, 각 장의 텍스트 역시 현지 실생활에 부합하도록 기획되었다. 또한 이의 이해를 돕기 위한 사진과 루마니아의 다양한 문화소개를 실어 이 작은 책 한 권을 통해 언어 습득과 문화의 이해라는 두 마리 토끼를 잡을 수 있도록 배려하였다.

이 책은 루마니아어 문법과 문형 그리고 어휘를 간단하게 설명하고 그 예문을 제시하여 문법에 대한 정확한 이해는 물론 기초적인 회화가 가능하도록 노력하였으며, 연습문제 활용을 통하여 외국어 습득의 효과를 제고하였다. 보다 정확한 발음 연습과 청취를 위해 오디오CD를 함께 구성하여 독학으로 언어를 습득하는데 어려움이 없도록 배려하였다.

1990년 한국과 외교관계가 공식적으로 성립된 루마니아는 정치, 경제적으로 눈부신 교류를 통해 우리와 가까운 나라가 되었으며, 한국은 한때 제 1의 투자국으로서의 지위를 누린 바 있다. 2005년과 2007년, 두 번에 걸친 루마니아 대통령의 방한은 한국과 루마니아의 외교관계가 얼마나 중요한지를 시사하고 있으며, 2007년 루마니아는 미국에 이어 두 번째로 한국을 '전략적 동반자'로 지정한 바 있다.

루마니아와 루마니아어에 대한 국내의 관심과 요구를 충족시키는데 "꿩먹고 알먹는 루마니아어 첫걸음"이 일조하리라 믿으며, 즐거운 루마니아어 공부가 한층 더 즐거우리라 기대한다. 마지막으로 이 책의 교정과 녹음에 큰 도움을 주신 미하이 보그단 터나세 교수와 록사나 커털리나 안겔레스쿠 교수에게 감사의 말씀을 전한다.

저자 김 정 환

Contents

Contents

- 루마니아어 기본문법 정리
- 루마니아어-한국어 기본어휘(사전)
- 함께 연습하기 해답

루마니아어 자모
(Alfabetul românesc)

라틴어에 뿌리를 둔 루마니아어 자모는 라틴자모를 기본으로 하되, ă, â, î, ş, ţ 의 5개 특수문자가 추가된다.

대문자	소문자	명칭	발음	
			모음 앞	자음 앞 / 어말
A	a	a [아]	ㅏ	
Ă	ă	ă [어]	ㅓ	
Â	â	â / â din a [으 / 으 딘 아]	─	
B	b	be [베]	ㅂ	브
C	c	ce [체]	ㄲ / ㅊ	ㄲ / ㄱ
D	d	de [데]	ㄷ	드
E	e	e [에]	ㅔ	
F	f	fe [페]	ㅍ	프
G	g	ge [제]	ㄱ / ㅈ	그
H	h	ha [하]	ㅎ	흐
I	i	i [이]	ㅣ	
Î	î	î / î din i [으 / 으 딘 이]	─	
J	j	je [제]	ㅈ	즈
L	l	le [레]	ㄹ	ㄹ
M	m	me [메]	ㅁ	ㅁ
N	n	ne [네]	ㄴ	ㄴ
O	o	o [오]	ㅗ	
P	p	pe [뻬]	ㅃ	쁘 / ㅂ
R	r	re [레]	ㄹ	르
S	s	se [세]	ㅅ	스
Ş	ş	şe [쉐]	쉬 [ʃ]	슈
T	t	te [떼]	ㄸ	뜨
Ţ	ţ	ţe [쩨]	ㅉ	쯔

대문자	소문자	명칭	발음	
			모음 앞	자음 앞 / 어말
U	u	u [우]	ㅜ	
V	v	ve [베]	ㅂ	브
X	x	ics [익스]	ㄱㅅ / 그ㅈ	ㄱㅅ
Z	z	ze [제]	ㅈ	즈

* K-k(ca [까]), Q-q(chiu [끼우]), W-w(dublu ve [두블루 베]), Y-y(igrec [이그렉])은 외래어 차용에만 나타난다.

* 본 글에 표기된 루마니아어 자모의 발음은 외래어표기법이 정한 예시를 따르는 것이 바람직하나, 학습자의 원활한 듣기와 말하기를 위해 실제 원어민 발음에 가깝게 표기하였음을 밝혀둔다.

루마니아어 발음
(Pronunţia limbii române)

대문자	소문자	명칭	발음	예시
A	a	a [아]	아	mama [마마], an [안]
Ă	ă	ă [어]	어	umăr [우머르], iată [이아떠]
Â	â	â [으] 또는 â din a [으 딘 아]	으	român [로믄], câmp [끔쁘]
E	e	e [에]	에	nume [누메], mere [메레]
I	i	i [이]	이	inima [이니마], citi [치띠]
Î	î	î [으] 또는 î din i [으 딘 이]	으	în [은], coborî [꼬보르]
O	o	o [오]	오	hotel [호뗄], balcon [발꼰]
U	u	u [우]	우	lume [루메], nuvelă [누벨러]

* 모음 â 와 î는 모두 [으]로 발음한다.
* 모음 e가 어두음(인칭대명사와 a fi 동사 변형)으로 올 때는 e 앞에 반모음 i가 있는 것으로 가정하여 [ie 예]로 발음한다.

> **예문** ea[예아], el[옐] este[예스떼], e[예]

* 이중모음(ea, eo, oa, ia, ie, io, iu, ai, ei, oi, ui, ii, ăi, âi, ua, uă, ău, au, eu, iu, ou, âi), 삼중모음(eai, eau, iai, iei, oai, ioa)은 모음과 모음 또는 모음과 반모음의 결합으로 소리 나는 대로 발음하면 된다.
* 어말 모음 -i는 d[ㄷ] + i ⇒ zi[지] 또는 t[ㄸ] + i ⇒ ţi[찌]처럼 앞의 자음을 구개음화 시키는 역할을 한다. 자음 또는 중자음과 결합하여 음절을 형성하나 이 경우 반모음 [-i]처럼 짧게 발음한다.

대문자	소문자	명칭	발음	예시		
B	b	be [베]	ㅂ, 브	bun [분], arab [아랍], slab [슬라브]		
C	c	ce [체]	ㄲ	corp [꼬르쁘], coleg [꼴레그]		
			ㄲ	che, chi	cheie [께이에], ureche [우레께], ochi [오끼], chimie [끼미에]	
			ㅊ	ce, ci	cer [체르], pace [빠체], cine [치네], vecin [베친]	
D	d	de [데]	ㄷ, 드	dar [다르], brad [브라드]		
F	f	fe [페]	ㅍ, 프	face [파체], afară [아파러], pantof [빤또프]		
G	g	ge [제]	ㄱ	gură [구러], gară [가러]		
			ㄱ	ghe, ghi	ghete [게떼], gheaţă [게아쩌], ghid [기드], unghi [운기]	
			ㅈ	ge, gi	geam [제암], ajunge [아준제], pagină [빠지너], pungi [뿐지]	
H	h	ha [하]	ㅎ, 흐	haină [하이너], pahar [빠하르], duh [두흐]		
J	j	je [제]	ㅈ, 즈	joi [조이], curaj [꾸라즈]		
L	l	le [레]	ㄹ	luptă [룹떠], leu [레우], copil [꼬삘]		
M	m	me [메]	ㅁ	masă [마서], pom [뽐], minte [민떼]		
N	n	ne [네]	ㄴ	nu [누], nas [나스], ecran [에끄란]		
P	p	pe [뻬]	ㅃ, 쁘	popor [뽀뽀르], pat [빠뜨], opt [옵뜨]		
R	r	re [레]	ㄹ, 르	râu [르우], rol [롤], rămâne [러므네]		
S	s	se [세]	ㅅ, 스	casă [까서], sat [사뜨], pas [빠스]		
Ş	ş	şe [쉐]	쉬 [ʃ], 슈	şef [셰프], coş [꼬슈], uşor [우쇼르]		
T	t	te [떼]	ㄸ, 뜨	tu [뚜], bilet [빌레뜨]		
Ţ	ţ	ţe [쩨]	ㅉ, 쯔	ţară [짜러], braţ [브라쯔]		
V	v	ve [베]	ㅂ, 브	voi [보이], covor [꼬보르]		
X	x	ics [익스]	ㄱㅅ [cs]	taxi [딱시], pix [삑스]		
			ㄱㅈ [gz]	examen [에그자멘], exerciţiu [에그제르치찌우]		
Z	z	ze [제]	ㅈ, 즈	ziua [지우아], orez [오레즈]		

* 자음 c, g는 모음 e, i 앞에서 [ㅊ]와 [ㅈ]로 발음하고, 나머지 모음 및 -he, -hi 형태 앞에서는 [ㄲ]와 [ㄱ]로 발음한다.

* 자음 l이 자음(또는 모음)과 모음 사이에 위치하면 어말 [ㄹ] 발음과 어두 [ㄹ] 발음을 모두 해 준다.

  elev[엘레브], exemplu[에그젬쁠루]

* 자음 ş [ㅅ, ʃ] 뒤에 오는 모음은 이중모음(거듭홀소리)으로 발음하며, 어말에 올 때는 [슈]로 발음한다.

  şarpe[샤르뻬], uşă[우셔], Timişoara[띠미쇼아라], şi[쉬], oraş[오라슈]

* 자음 x는 예시의 개별용례에 따라 무성음[cs] 또는 유성음[gz]으로 발음된다.

루마니아어의 강세(악센트) 및 억양(인토네이션))

루마니아어 단어 강세(악센트)의 위치는 일부를 제외하고는 대부분 제 2~3음절 이후의 후음절이나 어말에 있다. 하지만 이 강세는 음절의 강약을 음성학적으로 구분해 놓은 것에 불과하며 실질적인 발음에서 큰 역할을 하지 못할 뿐만 아니라 강약의 차이 역시 미미하다. 따라서 루마니아어에서는 단어의 강세보다 문장의 억양이 더 중요하게 고려된다.

* 평서문: 어두부터 어미까지 평탄하다.
  Aici este universitatea. (여기는 대학입니다.)
  Aici este universitatea.

* 의문사가 없는 의문문: 어두보다 어미로 갈수록 점차 억양이 올라간다.
  Aici este universitatea? (여기는 대학입니까?)

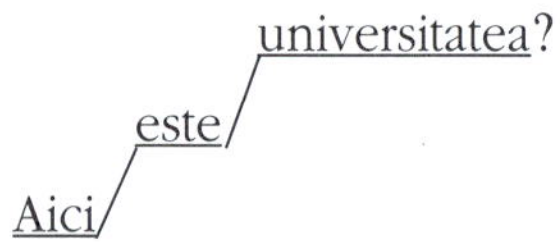

* 의문사가 있는 의문문 : 의문사가 있는 어두의 억양을 높인 후, 어미로 갈수록 내려간다.
  Ce este acesta? (이것은 무엇입니까?)

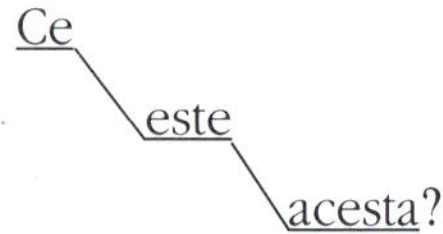

1

Cine sunteţi dumneavoastră?

당신은 누구십니까?

Kim : Bună ziua!
부너 지우아

Bogdan : Bună ziua! Cine sunteţi dumneavoastră?
부너 지우아 치네 순떼찌 둠네아보아스뜨러

Kim : Eu sunt Kim. El este Hayashi.
예우 순뜨 김. 옐 예스떼 하야시

Bogdan : De unde sunteţi dumneavoastră?
데 운데 순떼찌 둠네아보아스뜨러

Kim : Eu sunt din Coreea şi el este din Japonia.
예우 순뜨 딘 꼬레아 쉬 옐 예스떼 딘 자뽀니아

Bogdan : Ce sunteţi?
체 순떼찌

Kim : Eu lucrez în firma Samsung şi el este student.
예우 루끄레즈 은 피르마 삼성 쉬 옐 예스떼 스뚜덴뜨

김 : 안녕하세요!
보그단 : 안녕하세요! 당신은 누구십니까?
김 : 나는 김 이고, 그는 하야시입니다.
보그단 : 당신은 어디에서 오셨습니까?
김 : 나는 한국 출신이고, 그는 일본 출신입니다.
보그단 : 직업이 무엇입니까?
김 : 나는 삼성에서 일하고 있고, 그는 학생입니다.

단어와 숙어 익히기

• bun, bună, buni, bune	좋은
• zi (zile)	f. 날, 일
• cine	누구, 누가(의문대명사)
• sunteţi	−이다(a fi 동사의 2인칭 복수형)
• este	−이다(a fi 동사의 3인칭 단수형)
• sunt	−이다(a fi 동사의 1인칭 단수형/3인칭 복수형)
• eu	나는(인칭대명사 1인칭 주격)
• el	그는(인칭대명사 3인칭 남성 주격)
• dumneavoastră	당신(인칭대명사 2인칭 존칭)
• din	−에서, −로부터
• unde	어디에(의문부사)
• de unde	어디에서, 어디로부터
• Coreea	대한민국(남한 Coreea de Sud)
• Japonia	일본
• ce	무엇(의문대명사)
• lucrez	일하다(a lucra 동사의 1인칭 단수형)
• în	−안, −안에
• firmă (firme)	f 회사
• şi	그리고
• un	하나의(부정관사 남성 단수형)
• student (studenţi)	m. 남자 대학생

문법 따라잡기

1. 루마니아어

언어계보에서 루마니아어는 라틴어에서 유래된 동로망스어족에 속하며, 서로망스어인 프랑스어, 스페인어, 이탈리아어, 포르투갈어와 유사하다. 그중 이탈리아어와 매우 유사한 루마니아어는 명사, 관사, 형용사, 대명사, 수사, 동사, 부사, 전치사, 접속사, 감탄사의 10 품사로 구성된다. 우리에게 익숙한 영어와 달리 루마니아어는 로망스어와 발칸언어적 특성들을 갖고 있는데, 명사에 성이 존재하며 정관사는 명사 뒤에 어미 형태로 오고, 동사는 인칭에 따라 어미 변형을 한다. 또한 형용사는 명사 뒤에 위치하는 것이 일반적이며 이때 한정하는 명사의 성과 수의 지배를 받아 어미변화를 일으킨다.

2. 명사(Substantivul)의 성과 수

루마니아의 모든 명사는 남성(masculin), 여성(feminin), 중성(neutru) 중 하나의 성을 가지고 있다. 중성은 단수일 때 남성 형태를, 복수일 때는 여성 형태를 취한다. 이 성은 '남학생'과 '여학생' 처럼 그 의미상 성이 이미 정해진 경우도 있으나, 대부분 의미와 관계없이 정해져 있다. 명사의 성과 수는 문장 구성에서 중요한데, 형용사의 수식을 받을 때나 인칭대명사 여격, 목적격으로 대체될 때 주의가 필요하다.

남성(m)	중성(n)	여성(f)
−자음으로 끝나는 경우 băiat[버이아뜨]소년 / creion[끄레이온]연필		−ă로 끝나는 경우 elevă[엘레버]여학생, stradă[스뜨라더]거리
−u으로 끝나는 경우 fiu[피우]아들 / teatru[떼아뜨루]연극		−e로 끝나는 경우 pădure[뻐두레]숲, pâine[쁘이네]빵
−e로 끝나는 경우 frate[프라떼]형제 / nume[누메]이름		−ie로 끝나는 경우 familie[파밀리에]가족, baie[바이에]욕실
−i로 끝나는 경우 unchi[운끼]아저씨 / ceai[체아이]차		−ea, -a로 끝나는 경우 cafea[까페아]커피, pijama[삐자마]잠옷

* 자음으로 끝나는 경우 무조건 남성, -ă로 끝나는 경우 무조건 여성이란 의미가 아니다. 빈도수로 볼 때, 자음이나 -u로 끝나는 명사의 경우 남성이 많고, -ă, -e, -a로 끝나는 경우 여성이 많다는 것을 의미한다.
* 중성은 단수에서 남성, 복수에서 여성의 형태를 취한다.

명사의 복수는 단수 형태에 복수어미를 붙여 만드는데, 첨삭이나 다소의 모음 변환, 자음변환이 수반되는 경우도 있다. 대표적인 남성 복수어미는 -i, 중성은 -uri, -e, -i 그리고 여성은 -e, -i, -le 등이다.

성	변화	예
남성 (m)	-자음 > -자음 + i	student[스뚜덴뜨]남대학생 > studenţi[스뚜덴찌]
	-u > -i	codru[꼬드루]숲 > codri[꼬드리]
	-e > -i	munte[문떼]산 > munţi[문찌]
중성 (n)	-자음 > -자음 + e > -자음 + uri	scaun[스까운]의자 > scaune[스까우네] tren[뜨렌]기차 > trenuri[뜨레누리]
	-u > -e > -uri	muzeu[무제우]박물관 > muzee[무제에] lucru[루끄루]일,사물 > lucruri[루끄루리]
	-iu > -ii	studiu[스뚜디우]공부 > studii[스뚜디~]
여성 (f)	-ă > -e > -i	colibă[꼴리버]오두막 > colibe[꼴리베] sală[살러]방, 실 > săli[설리]
	-자음 + e > -자음 + i -자음 + ie > -자음 + ii -모음 + ie > -모음 + i	carte[까르떼]책 > cărţi[꺼르찌] lecţie[렉찌에]교과,수업 > lecţii[렉찌~] femeie[페메이에]여성 > femei[페메이]
	-e + a > -e + le -a > -a + le	cafea[까페아]커피 > cafele[까펠레] pijama[삐자마]잠옷 > pijamale[삐자말레]

* carte[까르떼] > cărţi[꺼르찌]의 a와 ă, fată[파떠]소녀 > fete[페떼]의 a와 e처럼 단수형을 복수형으로 만들때 모음 변환(ea와 e, oa와 o, â와 i 등)이 자주 일어난다. 자음 역시 변환이 일어나는데, -t+i > -ţi, -d+i > -zi, -s+i > -şi, -st+i > -şti 등이 대표적이다.

예문

bărbat[버르바뜨]사내 > bărbaţi[버르바찌], brad[브라드]전나무 > brazi[브라지], urs[우르스]곰 > urşi[우르쉬], artist[아르띠스트]예술가 > artişti[아르띠슈띠]
* 루마니아어 명사를 사전에서 찾을 때는 의미 외에도 성과 수를 꼭 확인하는 습관이 필요하다.

3. 명사의 격

루마니아어에는 모두 5격이 있다. 형태로 볼 때 주격과 목적격 그리고 소유격과 여격이 동일하며, 호격은 그 쓰임새가 다른 격에 비해 훨씬 덜하다.

주격 (1격) Nominativ	소유격 (2격) Genitiv	여격 (3격) Dativ	목적격 (4격) Acuzativ	호격 (5격) Vocativ
–이(가),–은(는)	–의	–에게	–을(를)	–야(아)

명사의 격변화는 부정관사를 수반하고 있는 경우 명사는 그대로 둔 채 부정관사를 변형시키며, 정관사를 취하고 있는 경우는 정관사 어미에 변화를 준다. 이 역시 성과 수에 따라 형태가 다르다.

4. 인칭대명사(Pronumele personal) 주격

		단수	복수
1인칭		eu[예우] 나는	noi[노이] 우리는
2인칭		tu[뚜] 너는	voi[보이] 너희는
3인칭	남성	el[엘] 그는	ei[예이] 그들은
	여성	ea[예아] 그녀는	ele[엘레] 그녀들은

* 2인칭 존칭으로 dumneavoastră[둠네아보아스뜨러]가 있는데, 단수, 복수에 관계없이 단일 형태로 쓰인다. 단, 이 경우 단수, 복수에 관계없이 동사는 2인칭 복수형을 취한다.

5. a fi 동사

a fi 동사는 영어의 be 동사에 준하는 기본 동사이다. 루마니아의 모든 동사는 인칭에 따라 활용어미가 변하며, 많은 경우 인칭대명사 주격을 생략해도 동사의 형태로 인칭을 알 수 있다.

(Eu) sunt[순뜨].

(Tu) eşti[예슈띠].

(El/Ea) este[예스떼].

(Noi) suntem[순뗌].

(Voi) sunteţi[순떼찌].

(Ei/Ele) sunt[순뜨].

* 부정문은 동사 앞에 "nu[누]"를 넣는다.

  Eu nu sunt …   (나는 … 아니다.)

* 3인칭 단수형 este는 많은 경우 e로 축약해서 표기 및 발음되며, 부정을 만드는 부사 nu와 만날 때 아래와 같은 연결형 축약이 이루어진다.

  Nu este aici.   (그는 여기에 없다.)
  누 예스떼 아이치

  = Nu e aici. = Nu-i aici.
    누 예 아이치   누-이 아이치

* 2인칭 존칭 대명사 dumneavoastră [둠네아보아스뜨러] (당신)는 단수, 복수에 관계없이 동사 2인칭 복수형 sunteţi를 사용한다.

6. 의문대명사 Cine, Ce, 의문부사 Unde

A. Cine[치네] 누가, 누구

  Cine este acolo?   누가 그곳에 있습니까?
  치네 예스떼 아꼴로

B. Ce[체] 무엇

  Ce este acolo?   무엇이 그곳에 있습니까?
  체 예스떼 아꼴로

* Ce + 명사 : Ce 다음에 직접 목적어를 넣어 질문할 수 있다. Ce clădire este acolo? [체 끌러디레 예스떼 아꼴로] 저기에 있는 건물은 무엇입니까?

C. Unde[운데] 어디에

  Unde e Maria?   마리아는 어디에 있습니까?
  운데 예 마리아

* De unde : unde 앞에 전치사 de를 넣으면 "어디에서, 어디로부터"의 의미가 된다.

7. 전치사 în, din

A. în [은] −안에

în cameră   방 안에
은 까메러

* 전치사 în 다음에 부정관사 un, o를 가진 명사가 오면 이 în은 într- 형태로 바뀐다.

într-o cameră   어느 한 방안에
은뜨로 까메러

B. din [딘] −에서, −로부터

din cameră   방에서(으로부터)
딘 까메러

* 전치사 din 다음에 부정관사 un, o를 가진 명사가 오면 이 din은 dintr− 형태로 바뀐다.

dintr-o cameră   어느 한 방으로부터
딘뜨로 까메러

8. 접속사 şi

접속사 şi[쉬]는 "그리고"의 의미를 가진다. 그 외 dar[다르] (그러나), sau[사우] (또는) 역시 빈도수 높은 접속사이다.

9. '예'와 '아니오'

질문에 대한 긍정답변은 da[다] (예), 부정답변은 nu[누] (아니오)이다.

El este aici?   그는 여기에 있니?
옐 예스떼 아이치

− Da. / Da, el este aici.   예, 그는 여기에 있습니다.
다 / 다 옐 예스떼 아이치

– Nu. / Nu, (el) nu este aici.
누 / 누 (엘) 누 예스떼 아이치

아니오, 그는 여기에 없습니다.

* 부정 질문에 대한 긍정답변으로는 "Ba da[바 다] (그래, 왜 아니겠어)"가 있다.

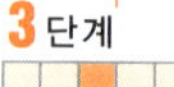

Nu este în cameră?
누 예스떼 은 까메러

그는 방에 없니?

– Ba da. 또는 Ba da, este în cameră.
바 다　　　바 다 예스떼 은 까메러

그래(왜 아니겠어), 그는 방에 있어.

표현 따라하기 

Bună dimineața!
부너　　디미네아짜

좋은 아침! (아침 인사)

Bună ziua!
부너　　지우아

좋은 날! (낮 인사)

Bună seara!
부너　　세아라

좋은 저녁! (저녁 인사)

Noapte bună!
노압떼　　부너

좋은 밤! (잠자리 들기 전 인사)

La revedere!
라　레베데레

다시 보자! (헤어질 때하는 인사)

* 친한 친구나 동료 사이일 때는 그냥 Bună![부너] 또는 Ciao![챠오], Salut![살룻] 만 사용하여 인사하기도 한다.

루마니아어로 말하기

회화 1

- De unde sunteţi dumneavoastră?
  데 운데　순떼찌　둠네아보아스뜨러

  당신은 어디서 오셨습니까?

- Sunt din Coreea, din Seul.
  순뜨　딘　꼬레아　딘　세울

  나는 한국, 서울에서 왔습니다.

회화 2

- Cine sunteţi dumneavoastră?
  치네　순떼찌　　둠네아보아스뜨러

  당신은 누구십니까?

- Sunt un student din Coreea.
  순뜨　운　스뚜덴뜨　딘　꼬레아.

  나는 한국의 대학생입니다.

회화 3

- Nu eşti în parc?
  누　예슈띠　은　빠르끄

  너 공원에 있지 않니?

- Ba da, sunt.
  바　다　순뜨

  왜 아니겠어, 나는 (공원에) 있어.

함께 연습하기

1. 다음 명사의 성을 구분하세요.

student, zi, firmă, casă, pom, elev, uşă, copil, hotel, examen

2. 다음 명사의 복수를 쓰세요.

studentă, elev, zi, casă, român, uşă, copil, hotel, cheie, coş

3. 다음 괄호 안에 알맞은 의문대명사, 의문부사를 넣으세요.

(　　) este ea?　(　　) este aici?　(　　) este Coreea?

4. 다음 빈 칸에 a fi 동사를 알맞게 넣으세요.

Eu ＿＿ în România. Tu ＿＿ în cameră. Ea ＿＿ acolo. Noi ＿＿ în Seul. Voi ＿＿ studenţi. Ei ＿＿ profesori.

5. 다음을 루마니아어로 옮기세요.

1) 그들은 누구십니까?
2) 나는 한국에서 왔습니다.
3) 그녀는 방 안에 있습니다.

6단계

문화의 이해

동유럽에 외롭게 떠있는 라틴의 섬 – 루마니아

　동유럽 발칸의 역사와 문화의 숨결이 살아 숨쉬는 동유럽 라틴의 고도(孤島) 루마니아는 금빛처럼 아름다운 사람들과 문화를 간직한 곳으로 아직 우리에게 생소한 곳이기도 하다. 수세기 동안 전통문화와 고유의 정체성을 바탕으로 이문화를 수용하면서 발전해 온 루마니아는 역사적으로나 문화적으로 그 어떤 유럽의 국가들에 뒤지지 않는 문화적 유산과 삶의 여유를 지니고 있는 잠재력의 나라이다. 2차 대전 전까지만 해도 루마니아의 화폐인 레이(lei)는 유럽 5대 화폐중의 하나로 루마니아는 명실 공히 문화·경제의 중심지로 자리 매김을 하였다. 단지 근·현대를 거치면서 체제가 만들어낸 희생으로 인하여 현재는 경제적 어려움을 겪고 있으나, 과거로부터 전승된 종교적, 문화적 유산을 바탕으로 21세기의 잠재력을 인정받는 국가가 되고 있다.

　기원전 200년 전 오늘날의 루마니아에 정착한 다치아(Dacia)인들과 기원후

106-271년 사이에 루마니아를 점령한 로마인들이 혼합되어 생성된 민족이 오늘날의 루마니아 인들이다. 루마니아 인들은 라틴어에서 파생된 어원과 문법구조를 가진 로망스어족으로 루마니아어를 사용하고 있는데, 동유럽에서는 유일하게 라틴어를 기층어로 받아들인 민족이다. 종교적으로는 루마니아 정교회를 국민종교로 갖고 있으며, 일부 소수민족을 제외한 루마니아는 약 85%가 라틴민족으로 구성되어 있다.

주변의 대부분 국가들이 슬라브 민족과 문화를 수용하는 동안 루마니아는 고대 다치아 민족과 로마의 전통 문화를 수용하여 그들 고유문화로 승계하고자 노력하였다. 로마화된 다치아 민족은 다른 이민족들과 자신들을 구분하기 위해 그들 스스로를 로마인이라 불렀고, 이러한 관례는 1862년 로마의 후손을 의미하는 국호 '루마니아(Romania, 루마니아어로는 로므니아 România)'로 표현되기에 이르렀다. 3세기 말부터 고트, 슬라브, 불가리아족의 침입을 겪었던 루마니아에는 우리의 삼국시대처럼 10-14세기에 걸쳐 트란실바니아, 문떼니아, 몰도바의 3공국이 설립되었다. 트란실바니아는 11세기부터 헝가리의 지배를 받았고, 문떼니아와 몰도바공국은 15세기를 전후로 오토만제국의 침입을 받았다. 1866년 왕권제의 수립과 1918년 루마니아의 통일 그리고 양차 세계대전을 거치면서 사회주의를 받아들인 루마니아는 1965년 집권한 체아우셰스꾸(Ceauşescu) 1인 독재 시대를 경험하게 된다. 결국 피폐한 압정에 시달리던 국민은 1989년 민주화 혁명을 통하여 오늘날의 자유 루마니아를 건설하게 되었다.

Ce este acesta?

이것은 무엇입니까?

Ana : Acum eşti liber?
아꿈 예슈띠 리베르

Ion : Nu, dimineaţa am curs.
누 디미네아짜 암 꾸르스

Ana : Ce faci după-amiază?
체 파치 두뻐-아미아저

Ion : Sunt liber. De ce?
순뜨 리베르 데 체

Ana : Am două bilete la un spectacol. Vii cu mine?
암 도우어 빌레떼 라 운 스뻭따꼴 비- 꾸 미네

Ion : Sigur că da! Mulţumesc pentru invitaţie.
시구르 꺼 다 물쭈메스끄 뻰뜨루 인비따찌에

Ana : Dar ce clădire este aceasta?
다르 체 끌러디레 예스떼 아체아스따

Ion : Este Universitatea. Sunt mulţi studenţi în această clădire.
예스떼 우니베르시따떼아 순뜨 물찌 스뚜덴찌 은 아체아스떠 끌러디레

Ana : Unde este librăria 〈Eminescu〉?
운데 예스떼 리브러리아 에미네스꾸

Ion : Este la stânga, lângă Universitate.
예스떼 라 스뜬가 른거 우니베르시따떼

아나 : 지금 한가하니?
이온 : 아니, 아침에 수업이 있어.
아나 : 오후엔 뭐 하니?
이온 : 자유로워. 왜?
아나 : 공연 표 두 장 있는데. 나와 함께 갈래?
이온 : 물론이지. 초대해줘서 고마워.
아나 : 그런데 이 건물은 뭐니?
이온 : 대학이야. 이 건물에는 많은 학생들이 있어.
아나 : 〈에미네스꾸〉 서점은 어디에 있니?
이온 : 대학 옆, 왼쪽에 있어.

단어와 숙어 익히기

- acum   지금
- liber, liberă, liberi, libere   자유로운
- dimineaţa   아침에
- am   가지다(a avea 동사의 1인칭 단수)
- curs (cursuri)   n. 수업, 흐름
- faci   −하다(a face동사의 2인칭 단수)
- după   −후에
- amiază (amiezi)   f. 정오
- De ce   왜
- două   숫자 2
- bilet (bilete)   n. 표, 티켓
- pentru   −을 위하여
- spectacol (spectacole)   n. 공연
- vii   오다, 가다(a veni 동사의 2인칭 단수)
- cu   −와 함께
- mine   나를(인칭대명사 목적격 강세형)
- sigur, sigură, siguri, sigure   확실한, 명백한
- că   (접속사, 관계대명사) 영어의 that에 해당.
- Sigur că da!   물론이지!
- mulţumesc   고맙습니다(a mulţumi동사의 1인칭 단수)
- invitaţie (invitaţii)   f. 초대
- dar   하지만, 그러나
- acest, această, aceşti, aceste   이−, 이(것)
- clădire (clădiri)   f. 건물, 빌딩

• universitate (universități)	f. 대학
• mult, multă, mulți, multe	많은
• librărie (librării)	f. 서점
• la stânga	왼쪽에
• lângă	–옆, 곁에

문법 따라잡기

1. 지시형용사와 지시대명사

A. 근거리 지시형용사 / 대명사 : 이(것)

지시형용사(이-)	남성(m)	중성(n)	여성(f)
단수	acest[아체스프]		această[아체아스떠]
복수	aceşti[아체슈띠]	aceste[아체스떼]	

* 가까운 거리를 가리키는 근거리 지시형용사는 수식하는 명사의 성과 수에 따라 변형된다.
* 지시형용사는 명사 앞에 오며 이때 한정되는 명사는 관사를 가지지 못한다.

> 예문

acest student 이 학생(남성 단수), aceşti studenţi 이 학생들(남성 복수) /
această maşină[마쉬너] 이 자동차(여성 단수), aceste maşini[마쉬니] 이 자동차
들(여성 복수)

지시대명사(이것)	남성(m)	중성(n)	여성(f)
단수	acesta[아체스따]		aceasta[아체아스따]
복수	aceştia[아체슈띠아]	acestea[아체스떼아]	

* 근거리 지시대명사가 형용사로서 명사를 수식할 경우에는 명사 뒤에 오며, 이때 명사
는 필히 정관사를 취한다.

> 예문

studentul acesta 이 학생, studenţii aceştia 이 학생들 / maşina aceasta 이 자동
차, maşinile acestea 이 자동차들

* 명사를 생략한 채, 지시대명사만 단독으로 사용될 수 있다.

예문

studentul acesta > acesta, maşina aceasta > aceasta

* 사람들 사이에 축약된 구어 표현도 자주 사용된다. 용법은 지시대명사와 동일하다.

	남성(m)	중성(n)	여성(f)
단수	acesta > ăsta[어스따]		aceasta > asta[아스따]
복수	aceştia > ăştia[어슈띠아]		acestea > astea[아스떼아]

B. 원거리 지시형용사 / 대명사 : 저(것)

지시형용사(저-)	남성(m)	중성(n)	여성(f)
단수	acel[아첼]		acea[아체아]
복수	acei[아체이]		acele[아첼레]

* 먼 거리를 가리키는 원거리 지시형용사 역시 수식하는 명사의 성과 수에 따라 변형된다.

* 지시형용사는 명사 앞에 오며 이때 한정되는 명사는 관사를 가지지 못한다.

예문

acel student 저 학생(남성 단수), acei studenţi 저 학생들(남성 복수) / acea maşină 저 자동차(여성 단수), acele maşini 저 자동차들(여성 복수)

지시대명사(저것)	남성(m)	중성(n)	여성(f)
단수	acela[아첼라]		aceea[아체에아]
복수	aceia[아체이아]		acelea[아첼레아]

* 원거리 지시대명사가 형용사로서 명사를 수식할 경우, 근거리 지시대명사와 마찬가지로 '명사+지시대명사' 어순이 되며, 이때 명사는 필히 정관사를 취한다.

예문

studentul acela 저 학생, studenţii aceia 저 학생들 / maşina aceea 저 자동차, maşinile acelea 저 자동차들

* 명사를 생략한 지시대명사 단독으로 사용될 수 있다.

예문

studentul acela > acela, maşina aceea > aceea

* 사람들 사이에 축약된 구어 표현도 자주 사용된다. 용법은 지시대명사와 동일하다.

	남성(m)	중성(n)	여성(f)
단수	acela > ăla[얼라]		aceea > aia[아이아]
복수	aceia > ăia[어이아]		acelea > alea[알레아]

2. a avea 동사

a avea 동사는 타동사로서 '가지다'의 의미를 가지고 있으며, 영어의 have 동사처럼 루마니아어에서 조동사 역할을 수행하기도 한다.

단수			복수		
1인칭	2인칭	3인칭	1인칭	2인칭	3인칭
am[암]	ai[아이]	are[아레]	avem[아벰]	aveţi[아베찌]	au[아우]

* 부정을 만들 때 여느 동사와 마찬가지로 동사 앞에 nu를 사용하면 되지만, a avea 동사는 이때 연결형 축약이 일어나는 것이 일반적이다.

nu am > n-am[남], nu ai > n-ai[나이], nu are > n-are[나레] …

3. 부정관사와 정관사

루마니아어 관사는 부정관사와 정관사로 구분되며, 각각 격변화를 일으킨다.

A. 부정관사

부정관사는 명사 앞에 위치하며 명사의 성과 수에 따라 형태를 달리한다.

		남성(m)	중성(n)	여성(f)
단수 (sg)	주격, 목적격	un[운]		o[오]
	소유격, 여격	unui[우누이]		unei[우네이]
복수 (pl)	주격, 목적격	niște[니슈떼]		
	소유격, 여격	unor[우노르]		

un student(m, sg), o studentă(f, sg), niște studenţi(m, pl), niște studente(f, pl)

* 부정관사를 가진 남성명사가 격변화(소유격과 여격)할 때, 명사는 변하지 않고 부정관사만 변형된다. 단, 주의할 점은 여성명사 단수가 소유격, 여격에서 복수형으로 변한다.

cartea unui student 어느 한 학생의 책(소유격), unui student 어느 한 학생에게 (여격), caietele unor studenţi 어느 학생들의 공책들(소유격), unor studenţi 어 느 학생들에게(여격)/ cartea unei studente 어느 한 여학생의 책(소유격), unei studente 어느 한 여학생에게(여격), caietele unor studente 어느 여학생들의 공 책들(소유격), unor studente 어느 여학생들에게(여격)

* 직업이나 지위에 관한 것일 때는 부정관사가 필요 없다.

Sunt student.   나는 학생이다.
순뜨 스뚜덴뜨

Este inginer.   그는 기술자이다.
예스떼 인지네르

B. 정관사

정관사는 명사 뒤에 어미 형태로 오는데, 형용사 등에 의해 한정되거나 의미상 으로 이미 인식된 경우에 사용된다. 아래 표에는 대표적인 정관사 어미를 예시하 였다.

		남성(m)	중성(n)	여성(f)
단수 (sg)	주격, 목적격	-ul		-a
	소유격, 여격	-ului		-ei
복수 (pl)	주격, 목적격	-i	-le	
	소유격, 여격	-lor		

student > studentul, studentă > studenta, studenţi > studenţii, studente > studentele

* 남성 정관사 어미는 -ul 외에도 -l(어미 -u로 끝나는 경우), -le(어미 -e로 끝나는 경 우)의 형태도 있다.

codru[꼬드루] 숲 > codrul[꼬드룰], frate[프라떼] 형제 > fratele[프라뗄레], 예외) tată[따떠] 아버지 > tata[따따] 또는 tatăl[따떨]

＊ 여성 정관사는 어미 –a로 끝나는 것이 일반적인데, 어미 –ă로 끝나면 –a로 대체하고,
–ea로 끝나면 어말에 –ua를 붙인다.

　　예문

　　casă[까서] 집 ＞ casa[까사], cafea[까페아] 커피 ＞ cafeaua[까페아우아]

＊ 격변화(소유격과 여격)할 때는 도표에서처럼 정관사 어미가 변형된다.

　　예문

　　maşina domnului 신사의 자동차, maşina domnilor 신사들의 자동차, maşina
　　doamnei 부인의 자동차, maşina doamnelor 부인들의 자동차 / studentului
　　(남)학생에게, studenţilor (남)학생들에게, studentei 여학생에게, studentelor
　　여학생들에게

＊ 단, 여성 단수명사의 소유격, 여격은 복수형에 –i를 붙인 형태이다. (–e + i)

　　예문

　　casă ＞ case + i = casei 집의(에), studentă ＞ studente + i = studentei

4. 인칭대명사 목적격

　　루마니아어 인칭대명사 목적격은 비강세형과 강세형으로 구분되며, 3인칭에서
남성, 중성, 여성이 구별된다. 중성은 단수일 때 남성 형태를, 복수일 때는 여성
형태를 취한다.

＊ 목적격 (–를 / 을) 비강세형은 일반적으로 동사 앞에 오며, 강세형은 전치사와 함께 사
용되거나 목적격을 강조하기 위해 사용된다.

	단수(sg)			복수(pl)		
	1인칭	2인칭	3인칭	1인칭	2인칭	3인칭
비강세형	mă[머]	te[떼]	îl[을](m) / o[오](f)	ne[네]	vă[버]	îi[으이](m) / le[레](f)
강세형	mine[미네]	tine[띠네]	el[엘](m) / ea[예아](f)	noi[노이]	voi[보이]	ei[예이](m) / ele[엘레](f)

＊ 목적격 비강세형은 인칭을 직접 목적어로 가리킨다.

　　예문

　　Ion mă aşteaptă.　　　　　　　이온이 나를 기다린다.
　　이온 머 아슈떼압떠

* 인칭대명사 목적격은 인지된 목적어를 다시 받을 때 사용한다. 예문에서 뒤 문장의 인칭대명사 o는 앞 문장의 carte를 대신하고 있다.

Tu citești această carte.   Și eu o citesc.
뚜 치떼슈띠 아체아스떠 까르떼. 쉬 예우 오 치떼스끄

너는 이 책을 읽는다. 나도 그것을 읽는다.

* 부정사 nu는 인칭대명사 앞에 위치한다.

Ion nu mă așteaptă.
이온 누 머 아슈떼압떠

이온은 나를 기다리지 않는다.

* nu와 îl, o, îi가 만나면 연결형 축약이 일어난다. nu + îl > nu-l [눌], nu + o > n-o [노], nu + îi > nu-i [누이]

* 강세형은 문장 내에서 전치사와 함께 구성된다.

Merg cu tine.
메르그 꾸 띠네

나는 너와 함께 간다.

* 강세형은 목적격을 강조하기 위해 비강세형과 함께 사용되며, 강세형 혼자 독립적으로 사용될 수는 없다.

Te iubesc. = Te iubesc pe tine.
떼 이우베스끄 뻬 띠네

너를 사랑해.

5. 의문사 De ce, Cum

A. De ce 왜, 무엇때문에

De ce este acolo?
데 체 예스떼 아꼴로

왜 그는 거기에 있니?

B. Cum 어떻게, 어떤

Cum este afară?
꿈 예스떼 아파러

밖은 어떠니?

6. 형용사의 유형

형용사는 일반적으로 명사 뒤에 위치하며, 한정하는 명사의 성과 수를 따른다.
루마니아어에는 모두 네 가지 형태의 형용사가 존재한다.

* 1형태 형용사는 명사의 성과 수에 관계없이 단일 형태만 존재한다.

maro[마로] 갈색의, bleu[블레우] 푸른색의

* 2형태 형용사는 두 가지 형태만 있는 것으로 성에 관계없이 단수형과 복수형만 존재한다.

dulce[둘체]-dulci[둘치]단, 달콤한, rece[레체]-reci[레치]차가운, 시원한

* 3형태 형용사는 단수에서는 여성과 남성이 구분되지만, 복수에서는 성의 구분이 없다.

mic[믹](m.sg)-mică[믹꺼](f.sg)-mici[미치](m,f.pl) 작은, 조그만

* 4형태는 가장 일반적인 형태로 남성 단수 형용사 형태를 기본으로 성, 수에 따라 어미 변화한다. (Ø는 원형이란 뜻이다.)

	남성(m)	중성(n)	여성(f)
단수(sg)	Ø 또는 -u		-ă
복수(pl)	-i	-e	

bun-bună-buni-bune 좋은, alb-albă-albi-albe 흰색의, alt-altă-alţi-alte 다른

* 중성명사를 수식할 때 중성명사 단수는 형용사의 남성단수 형태를, 복수는 형용사의 여성복수 형태를 취한다.

creionul bun 좋은 연필, creioanele bune 좋은 연필들

* mult [물뜨](많은), tot [또뜨](모든) 와 같은 몇몇 형용사들은 예외적으로 명사 앞에 오며, 한정하는 명사의 성과 수에 따라 어미변화 한다.

mult-multă-mulţi-multe (multă lume 많은 대중), tot-toată-toţi-toate (toţi colegii 모든 동료들)

7. 전치사 cu, lângă, după, la

A. cu −와 함께

Merg cu profesorul.
메르그 꾸 쁘로페소룰

나는 교수님과 함께 간다.

* 전치사 cu 다음에 오는 명사는 일반적으로 정관사를 취한다. 전치사 cu를 제외한 모든 전치사 다음에 오는 명사는 정관사가 붙지 않은 형태가 일반적이다. 그러나 그 명사가 형용사 등에 의해 한정되고 있을 경우 정관사를 취한 형태가 쓰인다.

B. lângă −옆, 곁에

Oglinda este lângă uşă.
오글린다 예스떼 른거 우셔

거울은 문 옆에 있다.

C. după −후(에)

Sunt liber după curs.
순뜨 리베르 두뻐 꾸르스

수업 후에 나는 한가하다.

* după 다음에는 명사, după ce 다음에는 절(문장)이 올 수 있다.

Plec acasă, după ce termin cursul.
쁠렉 아까서   두뻐 체 떼르민 꾸르술

수업 끝난 후 나는 집에 간다.

D. la −에, −로

Merg la hotel.
메르그 라 호뗄

나는 호텔로 간다.

표현 따라하기

Ce mai faci?
체 마이 파치

어떻게 지내니? (일반적으로 하는 인사)

Ce mai faceţi?
체 마이 파체찌

어떻게 지내십니까? (위 문장의 존칭)

Teatrul Naţional este la stânga.
떼아뜨룰 나찌오날 예스떼 라 스뜬가

국립극장은 왼쪽에 있습니다.

Magazinul este la dreapta.
마가지눌 예스떼 라 드레압따

상점은 오른쪽에 있습니다.

Această clădire este o cofetărie.
아체아스떠 끌러디레 예스떼 오 꼬페떠리에

이 건물은 커피숍입니다.

Acea clădire este un restaurant.
아체아 끌러디레 예스떼 운 레스따우란뜨

저 건물은 식당입니다.

루마니아어로 말하기

회화 1

- Ce mai faceţi?
  체 마이 파체찌

어떻게 지내십니까?

- Mulţumesc, bine. Şi dumneavoastră?
  물쭈메스크 비네 쉬 둠네아보아스뜨러

감사합니다. 잘 지내고 있습니다. 당신은요?

회화 2

- Bei ceai?
  베이 체아이

차 마셔요?

- Nu, beau cafea.
  누 베아우 까페아

아뇨, 커피 마셔요.

회화 3

- Pe cine inviți la teatru?
  뻬 치네 인비찌 라 떼아뜨루
  누구를 극장에 초대하니?

- Îl invit pe el.
  을 인비뜨 뻬 옐
  그를 초대해.

5단계

함께 연습하기

1. 괄호 안에 알맞은 지시형용사와 대명사를 넣으세요.

(   ) studentă, studenta (   ), (   ) copil, copilul (   )

(   ) clădiri, clădirile (   ), (   ) profesori, profesorii (   )

2. 아래 명사에 알맞은 정관사 어미를 붙이세요.

curs, bilet, universitate, librării, lecție, colegi, coșuri

3. 아래 명사에 알맞은 부정관사를 쓰세요.

mașină, masă, lucru, inimă, hotel, brad, an

4. 밑줄 친 빈 칸에 알맞은 인칭대명사 목적격을 쓰세요.

1) _____ așteaptă în oraș. (나를)   2) Profesorul _____ ajută. (그를)

3) _____ caută pe noi. (우리를)   4) _____ invită. (그들을)

5. 괄호 안에 알맞은 형용사 형태를 쓰세요.

casa (아름다운), hotelul (좋은), librăriile (현대적인), pereții (하얀)

6. 다음을 루마니아어로 옮기세요.

1) 왜 안 먹니?

2) 날씨가 어때요?

3) 이 남학생은 많이 공부한다.

4) 나는 그녀와 함께 대학에 간다.

문화의 이해

루마니아 교육의 메카 - 부꾸레슈띠대학교(Universitatea din Bucureşti)

루마니아 교육의 시작은 고대 루마니아 왕국인 다치아(Dacia)의 왕에게 조언을 해주는 왕의 수석고문에 의해 시작되었다고 한다. 106년 로마의 다치아 점령 이후 일반 학교가 설립되기 시작하였으며, 10세기 이후에는 교회 슬라브어가 공식적으로 사용됨에 따라 교회의 규율에 부합하는 학교들이 설립되기 시작했다. 이러한 초기 교육 형태는 중세에 이르러 수도원이 그 역할을 떠맡게 된다. 문학, 수사학, 논리, 산수, 기하학, 음악, 천문학을 중심으로 한 중세 루마니아 교육은 인문주의와 계몽주의의 영향 하에 근대 교육으로의 발전을 도모했으며, 1848년 혁명을 통해 교육과 문화의 혜택이 일반인들에게도 개방되었다. 1859년 문테니아 공국과 몰도바 공국이 통일을 이룩한 후 초등교육은 일반화되었다. 20세기 후반 사회주의시대를 거친 루마니아의 교육제도는 오늘날 초등학교와 중등학교가 통합된 8년제 일반학교, 4년제 고등학교 그리고 대학교는 단과대학에 따라 3-6년제로 운영되고 있다.

1581년 설립된 클루즈 가톨릭 대학과 같이 16세기말 17세기 초에 이미 다른 공국과 지역에는 크고 작은 학교들이 설립되기 시작하였는데, 수도 부꾸레슈띠에는 이들에 비해 비교적 늦게 상급학교가 설립되었다. 오늘날 부꾸레슈띠대학교의 기초가 된 성 사바(Sf. Sava) 왕립학교는 당시 짜라 로므네아스꺼(Ţara Românească)의 영주인 브른꼬베아누에 의해 1694년 설립되었다. 초기 수업은 그리스어로 진행되었으며, 1776년 라틴어, 프랑스어, 이태리어 등에 대한 강좌가 개설되었고, 1818년부터 루마니아어로 수업이 진행되기 시작하였다. 19세기 중반 학교 개혁에 의거 법학, 과학, 의학, 약학부, 문학부 등이 차례로 개설되었다. 그 후 부꾸레슈띠대학교의 전신인 궁정학술원이 1857년에 착공되었고, 문떼니아와 몰도바 통일공국을 이끈 알렉산드루 이오안 꾸자(Alexandru Ioan Cuza)의 칙령에 의거 부꾸레슈띠대학교가 1864년 7월 4-16일에 정식으로 개교되었다.

1864년 초기 부꾸레슈띠대학은 당시 유일하게 존재하던 3개 학부 (과학, 문학과 철학, 법학)를 대학으로 통합 운영하였으며, 이후 의학부(1869년), 신학부(1884년), 교육학(1898년), 지리, 천문, 전기공학부, 남동유럽학, 사회학, 수의학부 등이 신설되었다. 1965-66년도에는 외국어문학원을 부꾸레슈띠대학으로 통합시켜 53개 전공의 13개학과 (수학, 물리학, 화학, 생물학, 지질-지리학, 법학, 철학, 역사학, 국문학, 슬라브어학, 로망스 및 고전어학, 독일어학, 동양어문학)를 가진 종합 대학으로 발전시켰다. 당시 부꾸레슈띠대학 재학생의 수는 13,936명에 이르렀다.

처음 3개 학과로 시작된 부꾸레슈띠대학은 현재 11개의 독립된 단과 대학으로 발전하였는데, 개설된 100여개 이상의 전공에 매년 만여 명의 학생들이 새로이 진학하고 있다. 부꾸레슈띠대학에는 전국의 재원들이 진학하여 각자의 실력을 함양하는 지성의 장이 되고 있으며, 루마니아를 대표하는 교육의 메카가 되고 있다.

부꾸레슈띠대학교(Universitatea din Bucureşti)의 단과 대학은 11개이며, 각 학문 분야에 따라 독립적으로 운영되고 있다 : 공과대학(우주항공, 화학, 전기, 전자, 에너지, 매개공학, 교통공학, 경제공학, 기술산업공학, 기계공학, 산업기계, 재료학, 전산학, 응용공학), 토목공학대학(토목학, 측지학, 경제공학, 설치 설비학, 기계학, 응용학), 의학·약학대학(약학, 의학, 치의학, 생동력학), 농학 및 수의학대학(생물공학, 건축토목학, 매체공학, 경제공학, 농학, 수의학, 동물학), 건축대학(건축학, 도시학), 연극영화대학(공연학, 광대인형극예술, 시청각커뮤니케이션, 창작 / 안무 / 교육학, TV / 영화 이미지학, 음향 / 무대학, TV / 영화 경영학, 연극경영, 연극학), 부꾸레슈띠 본대학(공공행정학, 사회복지학, 도서정보학, 생화학, 생화학공학, 생물학, 화학, 물리화학, 공중관계커뮤니케이션, 공공커뮤니케이션, 매개보호 및 생태학, 고전문헌학, 철학, 물리학, 의료물리학, 지리학, 인문지리, 관광지리, 지질학, 전산학, 역사, 언론학, 국문학, 수학, 외국어문학, 교육학, 심리학, 특수심리교육, 방사화학, 사회학, 매체학, 정치학, 법학, 침례교회학, 루마니아정교회학, 로마가톨릭), 음악대학(성악, 작곡, 지휘, 기악, 음악이론, 음악교육학, 음악무대경영), 미술대학(벽화예술, 섬유예술, 금속도자기예술, 인쇄예술, 미

술, 조각, 원근 / 무대예술학, 예술복구 및 보존학, 디자인, 예술이론 및 예술사, 사진 /
비디오 / 컴퓨터 이미지학, 예술교육학), 경제대학(공공행정, 통계 및 인공두뇌학, 상업
마케팅, 농식품 및 매체경제학, 은행 및 재정학, 재정 회계관리, 경제관리학, 경영학,
국제경제관계학, 일반경제학분야), 체육대학(체육교육학, 운동동력학). 그 중 부꾸레슈
띠 본대학(Universitatea Bucureşti)은 수도 부꾸레슈띠를 대표하는 가장 중요한 단과
대학으로 평가되고 있다.

3

Cât e ceasul?

몇 시 입니까?

Andrei : Cât e ceasul?
끄트 예 체아술

Irina : E nouă şi cinci.
예 노우어 쉬 친치

Andrei : E târziu. Profesorul mă aşteaptă. Acum am curs.
예 뜨르지우 쁘로페소룰 머 아슈떼압떠 아꿈 암 꾸르스

Irina : La ce oră termini cursul?
라 체 오러 떼르미니 꾸르술

Andrei : Astăzi termin foarte devreme, la ora unsprezece.
아스떠지 떼르민 포아르떼 데브레메 라 오라 운스쁘레제체

Irina : Atunci mergem împreună la magazinul ⟨Bucureşti Mall⟩?
아뚠치 메르젬 음쁘레우너 라 마가지눌 부꾸레슈띠 몰

Andrei : Nu, îmi pare rău. N-am timp.
누 물쭈메스끄 남 띰쁘

Irina : De ce?
데 체

Andrei : Rămân la bibliotecă şi mai învăţ, pentru că am examen mâine.
러믄 라 비블리오떼꺼 쉬 마이 은버쯔 빤뜨루 꺼 암 에그자멘 므이네

안드레이 : 몇 시니?
이리나 : 아홉 시 오 분인데.
안드레이 : 늦었어. 교수님이 날 기다리셔. 지금 수업이 있거든.
이리나 : 몇 시에 수업을 마치니?
안드레이 : 오늘은 일찍 끝나, 열 한 시에.
이리나 : 그러면 함께 ⟨부꾸레슈띠 몰⟩에 갈까?
안드레이 : 유감스럽게도 안 되겠어. 시간이 없어.
이리나 : 왜?
안드레이 : 도서관에 남아서 더 공부해야해. 왜냐하면 내일 시험이 있어.

단어와 숙어 익히기

• cât	얼마나 많이(의문부사)
• ceas (ceasuri)	n. 시계
• târziu	늦은, 늦게
• acum	지금
• curs (cursuri)	n. 수업, 학과
• oră (ore)	f. 시
• termin, termini	마치다, 끝내다(a termina 동사의 1, 2 인칭 단수)
• astăzi	오늘(= azi)
• foarte	매우, 아주
• devreme	이른, 빠른
• atunci	그때, 그 당시
• mergem	가다(a merge 동사의 1인칭 복수)
• împreună	함께, 같이
• magazin (magazine)	n. 상점
• îmi pare	나에게는 …하다(a-i părea동사의 1인칭 단수)
• rău, rea, răi, rele	나쁜
• timp (timpuri)	n. 시간, 세월
• rămân	남다, 머물다(a rămâne 동사의 1인칭 단수)
• bibliotecă (biblioteci)	f. 도서관
• mai	더
• învăţ	배우다, 공부하다(a învăţa 동사의 1인칭 단수)
• pentru că	왜냐하면, -때문에
• mâine	내일

문법 따라잡기

1. 수사

A. 기수

0	zero[제로]	10	zece[제체]
1	unu[우누](m), una[우나](f)	11	unsprezece[운스쁘레제체]
2	doi[도이](m), două[도우어](f)	12	doisprezece[도이스쁘레제체](m) douăsprezece[도우어스쁘레제체](f)
3	trei[뜨레이]	13	treisprezece[뜨레이스쁘레제체]
4	patru[빠뜨루]	14	paisprezece[빠이스쁘레제체]
5	cinci[친치]	15	cin(ci)sprezece[친(치)스쁘레제체]
6	şase[샤세]	16	şaisprezece[샤이스쁘레제체]
7	şapte[샵떼]	17	şaptesprezece[샵떼스쁘레제체]
8	opt[옵뜨]	18	optsprezece[옵뜨스쁘레제체]
9	nouă[노우어]	19	nouăsprezece[노우어스쁘레제체]

* 부정관사 un과 o는 명사 앞에서 수사의 기능을 하기도 한다.

un student[운 스뚜덴뜨] 남학생 한 명, o fată[오 파떠] 소녀 한 명

* unu와 una는 수사로 수를 세거나 가리킬 때 사용한다. unu는 남성과 중성에, una는 여성에 사용되며, doi와 două, doisprezece와 douăsprezece 역시 마찬가지이다.

20	douăzeci[도우어제치]	90	nouăzeci[노우어제치]
30	treizeci[뜨레이제치]	100	o sută[오 수떠]
40	patruzeci[빠뜨루제치]	200	două sute[도우어 수떼]
50	cincizeci[친치제치]	1000	o mie[오 미에]
60	şaizeci[샤이제치]	2000	două mii[도우어 미–]
70	şaptezeci[샵떼제치]	1000000	un milion[운 밀리온]
80	optzeci[옵뜨제치]	2000000	două milioane[도우어 밀리오아네]

* zece(10), sută(100), mie(1000)가 20, 200, 2000이 될 때는 복수형인 două zeci, două sute, două mii를 사용하며, 모두 여성명사이다. milion 역시 같은 개념이지만,

중성명사이므로 단수에서는 남성형 un을, 복수 milioane이 되면 여성형을 사용한다.

예문

3000 = trei mii [뜨레이 미-], un milion [운 밀리온] 1백만, două milioane [도우어 밀리오아네] 2백만

* 단위 중 일 단위 앞에는 şi를 써준다.

예문

156 = o sută cincizeci şi şase[오 수떠 친치제치 쉬 샤세], 2023 = două mii douăzeci şi trei [도우어 미- 도우어제치 쉬 뜨레이]

1-19 101-119 201-219 … 1001-1019 10001-10019	+ 단위명사	20-100 120-200 220-300 … 1020-1100 10020-10100	+ de + 단위명사

* 숫자의 마지막 두 자리가 1-19인 경우에는 단위 명사를 그냥 사용하지만, 20-100인 경우에는 단위명사 앞에 전치사 de를 사용하여야만 한다.

예문

13명의 학생들 = treisprezece studenţi, 24명의 학생들 = douăzeci şi patru de studenţi, 118권의 책들 = o sută optsprezece cărţi

* zeci(수십), sute(수백), mii(수천)와 같은 집합수에도 단위명사 앞에 de를 쓴다.

예문

수백 명의 학생들 = sute de studenţi, 수만 권의 책들 = zeci de mii de cărţi

B. 서수

	m. sg.	f. sg.	m. pl.	f. pl.		
1	întâi(ul)	întâia	întâii	întâile	6	al şaselea, a şasea
	dintâi					
	primul	prima	primii	primele		
2	al doilea, a doua				7	al şaptelea, a şaptea
3	al treilea, a treia				8	al optulea, a opta
4	al patrulea, a patra				9	al nouălea, a noua
5	al cincilea, a cincea				10	al zecelea, a zecea

* 서수는 명사의 성에 일치시킨다. 명사가 서수 앞에 올 때는 정관사를 취하지만, 서수 뒤에 올 때는 정관사를 생략한다.

prima zi[쁘리마 지] 첫 날(f), lecția a doua[렉찌아 아 도우아] = a doua lecție 2과(f), al doilea război mondial[알 도일레아 러즈보이 몬디알] 제 2차 세계대전(n)

* 서수 1에는 예외적으로 복수형이 존재한다.

primele zile[쁘리멜레 질레] 처음 며칠

* întâi는 성에 지배를 받지 않는 무변화 수사이자 동시에 변화수사로도 사용된다.

etajul întâi[에따줄 은뜨이] 1층(우리의 2층에 해당하며, 우리의 1층은 parter[빠르떼르]라고 부른다.), clasa întâi[끌라사 은뜨이] 1등석, 1학년, partea întâia[빠르떼아 은뜨이아] 첫 부분, 첫 편

2. 의문부사 Cât와 의문대명사 Câți, Câte

* 의문부사 cât는 Cât e ceasul? (몇 시 입니까?), Cât costă acesta? [끄뜨 꼬스떠 아체아스따] (이것은 얼마입니까?)와 같은 몇몇 경우에만 고정적으로 사용된다.
* 의문대명사 câți, câte (얼마나 많은)는 수를 물어볼 때 사용한다. 이때 뒤에 오는 명사는 정관사를 가지지 않는다.

câți + 남성 복수 명사	câte + 여성, 중성 복수 명사

Câți studenți sunt în sala de curs?
끄찌 스뚜덴찌 순뜨 은 살라 데 꾸르스
얼마나 많은 학생들이 강의실에 있습니까?

Câte cărți sunt în birou?
끄떼 꺼르찌 순뜨 은 비로우
얼마나 많은 책들이 서재에 있습니까?

3. 의문문 구성

루마니아어의 의문문은 Cine(누구, 누가), Ce(무엇), Unde(어디에), Când(언제), De ce(왜, 무엇 때문에), Cum(어떻게) 등과 같은 의문대명사, 의문부사를 취하기도 하지만, 평서문을 직접 의문문으로 사용하기도 한다. 어순에는 변동이 없

으나 의문사가 없는 의문문을 사용할 때는 문장의 어미 억양을 올려줘야 한다.

Vine la şcoală. (———) 그는 학교에 온다.
비네 라 슈꼬알러

Vine la şcoală? (———) 그는 학교에 옵니까?
비네 라 슈꼬알러

4. 부사

루마니아어의 부사는 독립된 형태를 가진 것도 있으나 대부분 형용사의 남성 단수형을 기본으로 취한다. 형용사가 명사의 성과 수에 따라 변하는 것과 달리 동사, 형용사, 다른 부사를 수식하는 부사는 그 형태가 변하지 않는다.

예를 들어 uşor가 형용사일 때는 명사의 성과 수에 따라 uşor, uşoară, uşori, uşoare로 변하며 '쉬운'이라는 뜻을 가지지만, 부사일 때는 남성단수 형태인 uşor가 되며, 뜻은 '쉽게'로 변한다. 형용사 형태를 가지지 않은 대표적인 부사로는 foarte(아주, 매우), prea(아주, 너무나) 등이 있다.

Casa frumoasă [까사 프루모아서] 아름다운 집 / Ea scrie frumos. [예아 스끄리에 프루모스] 그녀는 아름답게 쓴다.
multe cărţi [물떼 꺼르찌] 많은 책들 ＞ foarte multe cărţi [포아르떼 물떼 꺼르찌] 아주 많은 책들

5. 동사의 기본유형

루마니아어 동사는 5가지 기본형 어미형태(-a, -î, -ea, -e, -i) 만을 가진다. 동사의 원형을 표시할 때는 동사 앞에 a를 표기하여 원형임을 명시한다. (예 : merge ＞ a merge)

규칙 동사일 경우 -ea와 -e 어미를 가진 동사는 한 가지 변화 유형을 가지지만, -a, -î, -i 어미 동사는 두 가지 유형을 가진다. 동사 활용시 어간에 모음 또는 자음변환이 일어나는 경우가 많다.

A. 규칙동사

	−a 동사		−î 동사	
	a termina (마치다, 끝내다)	a lucra (일하다)	a coborî (내려오다)	a hotărî (결심하다)
Eu	termin	lucrez	cobor	hotărăsc
Tu	termini	lucrezi	cobori	hotărăşti
El / Ea	termină	lucrează	coboară	hotărăşte
Noi	terminăm	lucrăm	coborâm	hotărâm
Voi	terminaţi	lucraţi	coborâţi	hotărâţi
Ei / Ele	termină	lucrează	coboară	hotărăsc
	-ea 동사	-e 동사	-i 동사	
	a vedea (보다)	a merge (가다)	a fugi (도망치다)	a citi (읽다)
Eu	văd	merg	fug	citesc
Tu	vezi	mergi	fugi	citeşti
El / Ea	vede	merge	fuge	citeşte
Noi	vedem	mergem	fugim	citim
Voi	vedeţi	mergeţi	fugiţi	citiţi
Ei / Ele	văd	merg	fug	citesc

* a coborî 와 a hotărî 동사에서 보듯이 어말에 오는 −î가 어미활용을 통해 어말에 더 이상 위치하지 않게 되면 −î는 −â−로 대체된다. (1990년 초 라틴문자 복원운동에 의해 그동안 광범위하게 사용하던 −î−를 동일 음가 −â−로 대체한 바 있다.)

* 명사, 동사, 형용사 등 성과 수나 인칭에 따라 변형을 보이는 단어들에서는 a와 ă, a와 e, ea와 e, oa와 o, â와 i등과 같은 모음변환, 그리고 −t+i>−ţi, −d+i>−zi, −s+i>−şi, −st+i>−şti 등과 같은 자음변환이 빈번히 일어난다.

규칙동사의 활용 어미 변화를 정리하면 아래와 같다. (−Ø는 어간 뒤에 다른 어미가 붙지 않는다는 표시)

	−a		−î		−ea	−e	−i	
Eu	−∅	−ez	−∅	−ăsc	−∅	−∅	−esc	
Tu	−i	−ezi	−i	−ăşti	−i	−i	−eşti	
El / Ea	−ă	−ează	−ă	−ăşte	−e	−e	−eşte	
Noi	−ăm	−ăm	−âm	−âm	−em	−im	−im	
Voi	−aţi	−aţi	−âţi	−âţi	−eţi	−iţi	−iţi	
Ei / Ele	−ă	−ează	−ă	−ăsc	−∅	−∅	−esc	

*** 규칙동사 어미별 예시 및 동일 유형 보기**

−a 동사 :

a pleca (가다, 떠나다) : plec, pleci, pleacă, plecăm, plecaţi, pleacă

a cumpăra (사다) : cumpăr, cumperi, cumpără, cumpărăm, cumpăraţi, cumpără

a învăţa (배우다, 가르치다) : învăţ, învăţi, învaţă, învăţăm, învăţaţi, învaţă

a căuta (찾다) : caut, cauţi, caută, căutăm, căutaţi, caută

a studia (공부하다) : studiez, studiezi, studiază, studiem, studiaţi, studiază

a intra (들어가다) : intru, intri, intră, intrăm, intraţi, intră

−î 동사 :

a urî (미워하다) : urăsc, urăşti, urăşte, urâm, urâţi, urăsc

−ea 동사 :

a tăcea (침묵하다) : tac, taci, tace, tăcem, tăceţi, tac

a putea (할 수 있다) : pot, poţi, poate, putem, puteţi, pot

−e 동사 :

a cere (바라다, 원하다) : cer, ceri, cere, cerem, cereţi, cer

a vinde (팔다) : vând, vinzi, vinde, vindem, vindeţi, vând

a rămâne (남다, 머물다) : rămân, rămâi, rămâne, rămânem, rămâneţi, rămân

a pune (놓다) : pun, pui, pune, punem, puneţi, pun

a spune (말하다) : spun, spui, spune, spunem, spuneţi, spun

a scrie (쓰다) : scriu, scrii, scrie, scriem, scrieţi, scriu

-i 동사 :

a ieşi (나오다) : ies, ieşi, iese, ieşim, ieşiţi, ies

a şti (알다) : ştiu, ştii, ştie, ştim, stiţi, ştiu

a veni (오다, 가다) : vin, vii, vine, venim, veniţi, vin

a numi (부르다) : numesc, numeşti, numeşte, numim, numiţi, numesc

a trăi (살다) : trăiesc, trăieşti, trăieşte, trăim, trăiţi, trăiesc

B. 불규칙동사

불규칙동사에는 규칙동사와 달리 일정한 변화법칙이 존재하지 않으므로 그냥 암기하는 수밖에 없다. 빈도수 높은 대표적 불규칙동사의 인칭별 유형은 아래와 같다.

a fi (−이다) : sunt, eşti, este, suntem, sunteţi, sunt

a vrea (원하다) : vreau, vrei, vrea, vrem, vreţi, vor

a sta (있다) : stau, stai, stă, stăm, staţi, stau

a da (주다) : dau, dai, dă, dăm, daţi, dau

a lua (취하다) : iau, iei, ia, luăm, luaţi, iau

a mânca (먹다) : mănânc, mănânci, mănâncă, mâncăm, mâncaţi, mănâncă

a bea (마시다) : beau, bei, bea, bem, beţi, beau

표현 따라하기 

Cât e ceasul?
끄뜨 예 체아술

몇 시 입니까?

Ce oră este acum?
체 오러 예스떼 아꿈

지금 몇 시입니까?

E ora unu fix.
예 오라 우누 픽스

한 시 정각입니다.

E patru şi jumătate.
예 빠뜨루 쉬 주머따떼

네 시 반입니다.

* 원래 '절반, 1/2'의 의미를 가진 여성명사 jumătate가 시간에 사용될 때는 '30분'의 의미를 가진다.

E opt fără un sfert.
예 옵뜨 퍼러 운 스페르뜨

8시 15분 전입니다.

* '없이'란 의미를 가진 전치사 fără가 시간에 사용될 때는 '–분 전'의 의미를 갖는다. (unu fără zece 1시 10분전)

* 원래 '1/4'의 의미를 가진 중성명사 sfert가 시간에 사용될 때는 '15분'의 의미를 가진다. 15분은 un sfert, 30분은 două sferturi[도우어 스페르뚜리], 45분은 trei sferturi[뜨레이 스페르뚜리]로 표기한다.

La ce oră pleacă trenul?
라 체 오러 쁠레아꺼 뜨레눌

몇 시에 기차가 출발합니까?

루마니아어로 말하기 🎧

회화 1

- De ce nu mănânci?
  데 체 누 머는치
  왜 안 먹니?

- Pentru că nu mi-e foame.
  뜨루 꺼 누 미-에 포아메
  배가 고프지 않아서.

회화 2

- Vine el astăzi acasă?
  비네 옐 아스떠지 아까서
  그는 오늘 집에 오니?

- Nu, vine mâine.
  누 비네 므이네
  아니, 그는 내일 와.

회화 3

- Ce număr de telefon ai?
  체 누머르 데 뗄레폰 아이
  네 전화번호가 뭐니?

- Am 0732-320.890.
  암 제로 샵떼 뜨레이 도이 뜨레이 도이 제로 옵뜨 노우어 제로
  0732-320.890이야.

함께 연습하기

1. 아래 숫자를 읽어보세요.

103, 16, 24, 4358, 67

2. 아래 시간을 읽어 보세요.

12 : 15, 5 : 30, 10 : 25, 3 : 50, 7 : 00

3. 아래 동사를 인칭별로 변화시켜 보세요.

a veni, a mânca, a avea, a vrea, a lua, a hotărî, a învăţa

4. 다음을 루마니아어로 옮기세요.

1) 몇 명의 학생들이 기숙사에 있습니까?
2) 몇 시에 기차가 도착합니까?
3) 언제 영화가 시작됩니까?
4) 문학부에는 230명의 학생들이 있습니다.

문화의 이해

루마니아 – 드라큘라의 고향?

지난 1세기 동안 근·현대 공포문학과 영화를 대변해온 상징적인 인물을 꼽으라면, 대다수의 사람들은 드라큘라를 선택할 것이다. 그런데 정작 드라큘라가 루마니아 출신이라는 것을 아는 사람은 그리 많지 않다.

1897년 아일랜드의 소설가 브람 스토커에 의해 쓰인 소설 〈드라큘라(Dracula)〉는 루마니아의 고대 발라키아 공국의 왕자인 블라드 쩨뻬슈(Vlad Ţepeş)를 모델로 삼고 있다. 소설이나 영화 속에 등장하는 드라큘라와 달리 블라드 쩨뻬슈는 피를 빨아 먹는 그런 흡혈귀는 아니다. 그는 1427년 오토만 제국의 지배하에 있던 트란실바니아 지방의 시기쇼아라에서 발라키아 공국의 왕자로 태어났으며, 어린 시절을 터키와 헝가리에서 볼모생활로 보냈다. 1456년 이슬람(터키)과 기독교(헝가리) 세력이 충돌하던 지역이었던 발라키아 공국으로 돌아온 그는 왕위계승자 칭호를 얻게 되고 터키와 헝가리의 침략 전쟁에 맞서 용감히 싸운다.

그가 서구에 잔혹하고 냉혈적인 흡혈귀로 알려지게 된 원인은 1460년 경 발라키아를 통과하는 독일계 작센인 상인그룹과의 조세 충돌에 기인한다. 쩨뻬슈는 불응하는 작센인은 물론 전쟁에서 잡힌 터키인들도 꼬챙이에 찔러 처형하거나 산채로 태워 죽였다. 당시 작센인들은 밀무역으로 막대한 부를 축적하고 있었다. 이를 묵과할 수 없었던 쩨뻬슈는 결국 그들에게 과중한 세금을 부과하여 루마니아 인들의 경제 상황을 개선하고자 노력하였다. 이런 상황 속에서 일부 작센인들은 집단적으로 저항하였고, 쩨뻬슈는 반항하는 작센인들을 잔인하게 죽일 수밖에 없었다. 이 과정을 기록한 작센계 연대기에는 블라드 쩨뻬슈가 사악한 악마의 모습으로 묘사되었고, 작센인들의 무용담을 통하여 쩨뻬슈는 피를 갈구하는 흡혈귀의 모습으로 서구에 와전되어 소개되었다. 굵은 가시가 박힌 큰 수레바퀴를 사람 몸 위로 지나가게 해 온몸에 구멍을 내기도 하였고, 장대를 깎아 만든 창으로 사람을 찔러 죽이는 잔인한 처형도 서슴지 않았다. 그의 이름 '쩨뻬슈'는 바로 이 잔인한 처형 방법에서 나온 것이다. 루마니아어로 쩨뻬슈는 '가시' 또는 '꼬챙이'라는 뜻이다. 이렇듯 쩨뻬슈는 서구인들에게 소설이나 영화 속에 등장하는 흡혈귀 드라큘라와 같은 존재로 인식되었지만, 루마니아 인들에게는 오히려 외세를 물리친 추앙받는 영주로 기억되고 있다.

Ce dată e astăzi?

오늘은 며칠입니까?

Ion : Ce dată e astăzi?
체 다떠 예 아스떠지

Ioana : Astăzi e întâi octombrie 2010(două mii zece).
아스떠지 예 은뜨이 옥똠브리에 도우어 미- 제체.

Ion : Ce zi e azi?
체 지 예 아지

Ioana : E luni.
예 루니

Ion : Pleci pe jos la facultate?
쁠레치 뻬 조스 라 파꿀따떼

Ioana : Nu, merg cu autobuzul. Durează cam 20(douăzeci) de minute.
누 메르그 꾸 아우또부줄 두레아저 깜 도우어제치 데 미누떼

Ion : Unde cobori din autobuz?
운데 꼬보리 딘 아우또부즈

Ioana : Cobor la stația 〈Grozăvești〉.
꼬보르 라 스따찌아 그로저베슈띠

Ion : Toți studenții iau autobuzul?
또찌 스뚜덴찌 이아우 아우또부줄

Ioana : Depinde. Unii iau autobuzul, iar alții iau metroul.
데삔데 우니 이아우 아우또부줄 이아르 알찌 이아우 메뜨로울

이온 : 오늘 며칠이니?
이오아나 : 2010년 10월 1일이야.
이온 : 무슨 요일이지?
이오아나 : 월요일.
이온 : 걸어서 학교에 가니?
이오아나 : 아니, 버스타고 가. 약 20분쯤 걸려.
이온 : 어디서 하차하니?
이오아나 : 〈그로저베슈티〉 정거장에서 내려.
이온 : 모든 학생들이 버스를 타니?
이오아나 : (경우에 따라) 다르지. 어떤 이들은 버스를 타고, 다른 이들은 지하철을 이용해.

단어와 숙어 익히기

• dată (date)	f. 날짜, 자료, 정보
• octombrie	m. 10월
• luni	f. 월요일
• Pleci	떠나다(a pleca 동사의 2인칭 단수)
• pe jos	걸어서
• facultate (facultăţi)	f. 학부(단과대학), 학과
• autobuz (autobuze)	n. 버스
• durează	소요되다, 걸리다(a dura동사의 3인칭 단수)
• cam	대략, 약
• minut (minute)	n. 분
• cobori	내리다(a cobori 동사의 2인칭 단수)
• staţie (staţii)	f. 정거장, 정류장
• fiecare	각각(부정대명사, 형용사)
• iau	취하다, 가지다, (교통수단)타다(a lua 동사 1인칭 단수, 3인칭 복수)
• depinde	−에 달려있다(a depinde 동사의 3인칭 단수)
• unii	어떤 사람들(부정대명사)
• alţii	다른 사람들(부정대명사)
• metrou (metrouri)	n. 지하철

문법 따라잡기

1. 요일, 월, 계절

A. 일 단위 및 요일

일	zi [지] (zile) f	월요일	luni [루니]
주	săptămână [썹더므너] (săptămâni) f	화요일	marţi [마르찌]
월	lună [루너] (luni) f	수요일	miercuri [미에르꾸리]
년	an [안] (ani) m	목요일	joi [조이]
계절	anotimp [아노띰쁘] (anotimpuri) n	금요일	vineri [비네리]
		토요일	sâmbătă [슴버떠]
		일요일	duminică [두미니꺼]

B. 월

1월	ianuarie [이아누아리에]	7월	iulie [이울리에]
2월	februarie [페브루아리에]	8월	august [아우구스뜨]
3월	martie [마르띠에]	9월	septembrie [셉뗌브리에]
4월	aprilie [아쁘릴리에]	10월	octombrie [옥똠브리에]
5월	mai [마이]	11월	noiembrie [노이엠브리에]
6월	iunie [이우니에]	12월	decembrie [데쳄브리에]

C. 계절

봄	primăvară [쁘리머바러]	가을	toamnă [또암너]
여름	vară [바러]	겨울	iarnă [이아르너]

2. 날짜 읽기

* 날짜 표기는 일-월-년 순으로 표기한다.

* 2010년 4월 20일 : Suntem în 20 aprilie 2010. = Astăzi e 20 aprilie 2010.

* 결합하는 전치사에 따라 날짜의 의미가 다르게 사용된다.

Sunt aici	din	1987	나는 여기에 1987년부터 있습니다.
		mai	나는 여기에 5월부터 있습니다.
	de la	14 decembrie	나는 여기에 12월 14일부터 있습니다.
	de	marţi	나는 여기에 화요일부터 있습니다.
		ieri	나는 여기에 어제부터 있습니다.
		cinci zile	나는 여기에 5 일 전부터 있습니다.
		trei luni	나는 여기에 세 달 전부터 있습니다.

* 1, 2, 12, 21, 22, 31일의 표기

întâi mai 5월 1일	două mai 5월 2일
douăzeci şi unu mai 5월 21일	douăsprezece mai 5월 12일
treizeci şi unu mai 5월 31일	douăzeci şi două mai 5월 22일

1일만 서수로 표기하고 이후 나머지는 기수로 표기한다. 단, 끝 단위가 1로 끝날 때는 남성 unu, 끝 단위가 2로 끝날 때는 여성 două를 사용한다. (2의 경우 남성 doi와 여성 două가 혼용해서 쓰이기도 한다.)

3. 전치사의 유형

루마니아어 전치사는 소유격, 여격, 목적격과 같은 격에 따른 지배를 받는다.

A. 루마니아의 전치사는 대부분 4격(목적격) 지배 전치사이다. 여기서 '4격 지배'란 의미는 뒤에 오는 명사가 목적격 형태를 취한다는 말이다. 대표적인 4격 지배 전치사는 아래 표와 같다.

în [은] / într- [은뜨르-]	-안에	pe [뻬]	-위에, -을(를)
din [딘] / dintr- [딘뜨르-]	-에서, -로부터	la [라]	-에, -로
lângă [른거]	-옆에	pentru [뺀뜨루]	-위한, -용의
de [데]	-의, -로부터	cu [꾸]	-와 함께, -로
după [두뻐]	-후에, -뒤에	peste [뻬스떼]	-지나서
spre [스쁘레]	-향해	până [쁘너]	-까지
fără [퍼러]	-없이	despre [데스쁘레]	-대하여

* 전치사 în과 din은 뒤에 부정관사를 가진 명사가 오면, într-, dintr- 형태로 바뀐다.

Intru în cameră.
인뜨루 은 까메러

나는 방에 들어간다.

Trei creioane sunt pe masă.
뜨레이 끄레이오아네 순뜨 뻬 마서

연필 세 자루가 식탁 위에 있다.

Studiază într-o sală de curs.
스뚜디아저 은뜨로 살러 데 꾸르스

그는 한 강의실에서 공부한다.

Iese dintr-un magazin
이에세 딘뜨룬 마가진

그는 어느 한 상점에서 나온다.

Merg cu maşina.
메르그 꾸 마쉬나

자동차로 간다.

Acest dicţionar este pentru studenţi.
아체스뜨 딕찌오나르 예스떼 뺀뜨루 스뚜덴찌

이 사전은 학생용이다.

Urc la etajul patru.
우르끄 라 에따줄 빠뜨루

4층으로 올라간다.

Urc în taxi.
우르끄 은 딱시

택시에 올라탄다.

Trenul pleacă peste zece minute.
뜨레눌 쁠레아꺼 뻬스떼 제체 미누떼

기차는 10분 지나 출발한다.

Vorbim despre el.
보르빔 데스쁘레 옐

우리는 그에 대해 얘기한다.

B. 전치사의 목적어

4격 지배 전치사의 경우, 명사 외에도 원형부정사나 목적분사(전치사+과거분사)를 목적어로 취할 수 있다. (목적분사에 관해서는 12과 문법 참조)

pentru a explica
뜨루 아 엑스쁠리까

설명하기 위하여

maşină de spălat
마쉬너 데 스뻘라뜨

세탁기

Avem de învăţat.
아벰 데 은버짜뜨

우리는 공부해야(만) 한다.

Este greu de spus.
예스떼 그레우 데 스뿌스

말하기 매우 곤란하다(어렵다).

N–am nimic de mâncat.　　　　　　난 먹을 게 하나도 없다.
남　　니믹　데　믄까뜨

C. 주요 2격(소유격), 3격(여격) 지배 전치사는 아래와 같다.

2격 지배전치사		3격 지배전치사	
asupra [아수쁘라]	대해서, 쪽으로	conform [꼰포름]	와 상응하여
contra [꼰뜨라]	향해서, 반대해서	contrar [꼰뜨라르]	와 달리
deasupra [데아수쁘라]	위에	datorită [다또리떠]	–로, 때문에
împotriva [음뽀뜨리바]	에 반대해서	mulţumită [물쭈미떠]	덕분에
în afara [은 아파라]	밖에	potrivit [뽀뜨리비뜨]	–따라

* '2격 지배' 또는 '3격 지배'란 말은 전치사 다음에 오는 명사가 2격(소유격) 또는 3격(여격) 형태로 와야 한다는 것을 의미한다.

asupra acoperişului [아수쁘라 아꼬뻬리슐루이] 지붕 쪽으로, contra curentului [꼰뜨라 꾸렌뚤루이] 흐름에 역행하여, deasupra patului [데아수쁘라 빠뚤루이] 침대 위에, conform planului [꼰포름 쁠라눌루이] 계획에 상응하여, mulţumită dumneavoastră [물쭈미떠 둠네아보아스쁘러] 당신 덕분에, potrivit programelor [뽀뜨리비뜨 쁘로그라멜로르] 프로그램에 따라

* 전치사 în과 명사가 결합한 일부 전치사구의 경우 다음에 오는 명사는 소유격(G)을 취한다.

în faţa [은 파짜] + G : –앞에, în urma [은 우르마] + G : –다음에, în centrul [은 첸뜨룰] + G : –중앙(중심)에, în numele [은 누멜레] + G : –이름으로, –를 대표하여, în locul [은 록꿀] + G : –대신에, (din cauza [딘 까우자] + G : –이유로, 때문에)

4. 명령법

명령법은 그 성격상 2인칭(단수, 복수, 존칭)에만 해당되며, 긍정과 부정명령이 있다.

A. 2인칭 복수와 존칭 명령

2인칭 복수형(Voi)과 존칭형(단, 복수 상관없이 존칭대명사 dumneavoastră 단
일형)의 명령에서 동사는 직설법 2인칭 복수형을 그대로 사용한다. 부정명령일 경
우 동사 앞에 nu를 사용하면 된다.

긍정 명령 (직설법 ⇒ 명령법)		
Voi (2인칭 복수)	Mergeţi repede. 빨리 간다.	Mergeţi repede! 빨리 가세요!
Dumneavoastră (존칭–단, 복수 상관없음)		
부정 명령 (직설법 ⇒ 명령법)		
Voi (2인칭 복수)	Nu mergeţi repede. 빨리 가지 않는다.	Nu mergeţi repede! 빨리 가지 마세요!
Dumneavoastră (존칭–단, 복수 상관없음)		

B. 2인칭 단수 명령

2인칭 단수 명령은 –a, –e, –i(–esc), –î 어미 동사의 경우 직설법 3인칭 동사
형태를, –i, –ea 어미 동사의 경우 직설법 2인칭 동사 형태를 사용한다. 물론 소
수의 예외도 있다.

동사 어미별 유형	–a, –e, –i(–esc), –î	직설법 3인칭
	–i, –ea	직설법 2인칭

예문

a aştepta : Aşteaptă!   기다려!
a hotărî : Hotărăşte repede!   빨리 결정해!
a tăcea : Taci din gură!   입 다물어! 조용히 해!
a coborî : Coboară la prima staţie!   첫 번째 정류장에서 내려!
a avea : Ai răbdare!   인내심을 가져!

* a merge, a rămâne, a trece 등은 –e 어미 동사이지만, 명령형에서 직설법 2인칭을
사용한다.

예문

Mergi mai repede! 더 빨리 가라!,   Treci pe la mine! 나에게 들러라!

* a oferi, a acoperi, a suferi 등은 –i 어미 동사이지만, 명령형에서 직설법 3인칭을 사용한다.

Oferă locul tău! 네 자리를 제공해라!, Acoperă-te cu plapuma! 이불로 덮어라!

* 주요 불규칙 명령형 및 특수형

a sta > stai!, a bea > bea!, a veni > vino!, a aduce > adu!, a duce > du! a face > fă!, a conduce > condu!, a zice > zi!

Vino aici! 여기로 와!,   Adu un pahar de apă! 물 한잔 가져와!

* a fi 동사의 명령형은 단수 일 때는 fii, 복수(존칭)일 때는 fiţi가 된다. a fi 동사는 직설법뿐만 아니라 명령법, 접속법 등 모든 활용 유형에서 불규칙을 보이는 유일한 동사이다.

Fii atent![피 아뗀뜨] 조심해!(sg), Fiţi atenţi![피찌 아뗀찌] 조심하세요!(pl)

* 2인칭 단수 부정명령형은 'nu + 동사 원형'으로 구성된다.

a deschide : Nu deschide fereastra! 문 열지 마라!
a arunca : Nu arunca!   버리지 마라!, 던지지 마!

5. 부정대명사, 형용사 fiecare

'각각' 또는 '각자'의 의미를 가진 fiecare [피에까레]는 대명사로 독립적으로 사용되기도 하지만, 명사 앞에서는 성,수에 불변하는 형용사(2, 3격에서는 성, 수의 지배를 받음)로 사용된다. 이때 명사는 정관사 없는 단수형만 올 수 있다.

	형용사		대명사	
	m. n.	f.	m. n.	f.
주격, 목적격	fiecare		fiecare	
소유격, 여격	fiecărui	fiecărei	fiecăruia	fiecăreia

Fiecare student învaţă serios.   각 학생은 진지하게 공부한다.
⇒ Fiecare învaţă serios.   각자는 진지하게 공부한다.

Datoria fiecărei studente este să învețe.　각 여학생의 의무는 공부하는 것이다.

⇒ Datoria fiecăreia este să învețe.　각자의 의무는 공부하는 것이다.

* 여성명사 단수의 소유격, 여격에서는 그 의미가 단수 임에도 불구하고 복수 형태를 갖는다.

studentă > fiecărei + 복수 형태 = fiecărei studente(sg)

6. 부정대명사 unul 어떤 (것, 사람), 하나, 한 명

		단수		복수	
		남성, 중성	여성	남성	중성, 여성
형용사	N. A.	un[운]	o[오]	unii[우니-]	unele[우넬레]
	G. D.	unui[우누이]	unei[우네이]	unor[우노르]	
대명사	N. A.	unul[우눌]	una[우나]	unii[우니-]	unele[우넬레]
	G. D.	unuia[우누이아]	uneia[우네이아]	unora[우노라]	

* N은 주격, A는 목적격, G는 소유격, D는 여격.

Am niște colegi. [암 니슈떼 꼴레지] 나는 몇몇 동료를 가지고 있다. > Unul (din ei) este din România. [우눌 (딘 예이) 예스떼 딘 로므니아] (그들 중) 한 명은 루마니아 출신이다.

Telefonez unui văr. [뗼레포네즈 우누이 버르] 한 사촌에게 나는 전화한다.

Cunosc familia unuia (dintre ei). [꾸노스끄 파밀리아 우누이아 (딘뜨레 예이)] 나는 (그들 중) 한 사람의 가족을 안다.

7. 부정대명사, 형용사 altul, alt 다른(것, 사람)

		단수		복수	
		남성, 중성	여성	남성	중성, 여성
형용사	N. A.	alt [알뜨]	altă [알떠]	alți [알찌]	alte [알떼]
	G. D.	altui [알뚜이]	altei [알떼이]	altor [알또르]	
대명사	N. A.	altul [알뚤]	alta [알따]	alții [알찌-]	altele [알뗼레]
	G. D.	altuia [알뚜이아]	alteia [알떼이아]	altora [알또라]	

Dau cartea altui om.
다우 까르떼아 알뚜이 옴

나는 다른 사람에게 책을 준다.

Aceasta este cartea altui om.
아체아스따 예스떼 까르떼아 알뚜이 옴

이것은 다른 사람의 책이다.

= Aceasta este cartea altuia.
= 아체아스따 예스떼 까르떼아 알뚜이아

Acolo sunt două case.
아꼴로 순뜨 도우어 까세

거기에 집 두 채가 있다.

> Una este mică, dar alta este mare.
우나 예스떼 미꺼 다르 알따 예스떼 마레

한 집은 작지만, 다른 집은 크다.

3 단계

표현 따라하기

În ce dată suntem azi?
은 체 다떠 순뗌 아지

오늘 며칠입니까?

În cât suntem?
은 끄뜨 순뗌

오늘 며칠입니까?

Ei intră la cinematograf dar ele ies de la cinematograf.
예이 인뜨러 라 치네마또그라프 다르 옐레 이에스 델-라 치네마또그라프

그들은 영화관에 들어가지만 그녀들은 영화관에서 나온다.

Du maşina în garaj!
두 마쉬나 은 가라즈

자동차를 차고로 가져가라!

루마니아어로 말하기 🎧

회화 1

- În ce lună suntem?
  은 체 루너 순뗌

  우린 몇 월에 있니?

- (Suntem) în decembrie.
  (순뗌) 은 데쳄브리에

  12월에.

회화 2

- Toate sunt studente?
  또아떼 순뜨 스뚜덴떼

  모두 다 여학생들이니?

- Una din ele este profesoară.
  우나 딘 엘레 예스떼 쁘로페소아러

  그녀들 중 한 명은 교수님이야.

회화 3

- Câte luni are un an?
  끄떼 루니 아레 운 안

  일 년은 몇 개월이니?

- Are 12(douăsprezece) luni.
  아레 도우어스쁘레제체 루니

  12개월이야.

함께 연습하기

1. 다음을 루마니아어로 쓰세요.

일요일, 수요일, 금요일, 토요일, 봄, 가을, 겨울

2. 다음 날짜를 루마니아어로 쓰세요.

7월 1일, 4월 22일, 8월 21일, 11월 12일

3. 괄호 안에 알맞은 전치사를 넣으세요.

Suntem aici (   ) miercuri. 우리는 여기에 수요일부터 있습니다.

Cine este (   ) tablă? 칠판 옆에 누가 있습니까?

Urcaţi (   ) etajul doi? 2층으로 올라가십니까?

Copiii aleargă (   ) stradă. 아이들이 거리위로 달려갑니다.

Ea pleacă (   ) umbrelă. 그녀는 우산없이 떠난다.

Mergem (   ) cinema, (   ) ce învăţăm lecţia. 우리는 공부를 한 후에, 극장으로 갑니다.

4. 주어진 동사의 2인칭 단수 명령형을 쓰세요.

a tăcea, a coborî, a avea, a merge, a rămâne, a fi, a sta, a bea, a veni, a face

5. 다음을 루마니아어로 옮기세요.

1) 오늘은 금요일이고 1996년 7월 1일입니다.

2) 각자의 학생은 부지런히 공부한다.

3) 식탁 위에 루마니아어 책이 한 권 있다.

4) 우리들 중 한 명은 회사에서 일한다.

문화의 이해

'즐거운 묘지'와 루마니아인의 정체성

고대로부터 전승되어오는 민요나 구비운문들에서는 죽음을 두려워하지 않는 고대 다치아 민족의 정서와 신념을 쉽게 접할 수 있다. 루마니아 인의 죽음관을 보여주는 사례로 루마니아 북부 마라무레슈(Maramureş) 지방의 한 외진 산골에는 서쁜짜(Săpânţa)라는 마을이 있는데, 그곳에는 '즐거운 묘지(Cimitirul Vesel)' 라고 불리는 흥미로운 묘지가 있다. 묘지에 빼곡히 들어찬 6백 여 개의 묘비 위에 새겨진 '죽은 이'의 말은 묘지를 방문하는 '살아있는 이'의 삶을 즐겁게 만들어준다. 각양각색의 무늬로 채색된 묘비에는 죽은 자의 이런저런 하소연이 1인칭 화법으로 담겨져 있다. 녹색은 삶을, 노란색은 풍요로움을, 붉은색은 열정을, 검은색은 죽음을 의미하며, 그림 위에 새겨진 비둘기가 흰색이면 정상적인 죽음을 검은색이면 비극적인 끝을 상징한다. 여기에 죽은 이의 자기소개까지 보태지면 '즐거운 묘지'는 한마디로 마을의 역사책 이라 해도 지나치지 않다. 이러한 전통은 복잡한 역사와 문화적 환경 속에서 살아온 루마니아 인들로 하여금 고단한 삶을 해학과 낙천성으로 이겨나가게 해주는 지혜를 깨우치게 해준다.

지정학적 측면에서 볼 때 루마니아는 유럽과 아시아를 이어주는 교두보이자 동서양 문화의 용광로가 되고 있다. 15세기부터 시작된 오토만 제국과 합스부르크 제국의 지배는 루마니아 문화로 하여금 유럽과 근동지역의 문화를 수용하고 받아들이는 계기를 만들어 주었다. 외국 문화에 대한 수용과 거부감이 함께 공존하는 루마니아 인의 정신세계는 때때로 지나치게 융통성이 많을 때도 있지만 모든 분야에 걸쳐 뛰어난 현실적응 능력을 보여주기도 한다. 일반적으로 명랑한 편이어서 사람을 쉽게 사귈 수 있으며, 춤과 노래를 좋아하는 낙천적 기질이 있는 반면에, 다소 지나치게 말이 많을 때가 있고 간혹 신중하지 못한 행동을 하는 단점도 있다. 1989년 민주화혁명과 더불어 처음 수년간 루마니아는 민족정체성과 정신구조에 심한 혼란을 야기하기도 하였다. 하지만 지금은 모든 분야에 걸쳐 체제전환의 안정기에 접어들었으며, 2007년 EU 가입 이후 새로운 서구문화를 수용하는 문화

정체성의 변화를 추구하고 있다.

5

La restaurant

레스토랑에서

Un client intră într-un restaurant şi ia loc la o masă. Chelneriţa aduce
운 끌리엔뜨 인뜨러 은뜨룬 레스따우란뜨 쉬 이아 록 라 오 마서. 깰네리짜 아두체

meniul.
메니울

Chelneriţă : Bună ziua, domnule!
부너 지우아 돔눌레

Client : Bună ziua!
부너 지우아

Chelneriţă : Ce doriţi?
체 도리찌

Client : Să vedem mai întâi ce este în meniu... Pot să comand o porţie de
서 베뎀 마이 은뜨이 체 예스떼 은 메니우... 뽀뜨 서 꼬만드 오 뽀르찌에 데

ciorbă de legume pentru felul întâi?
치오르버 데 레구메 뜨루 펠룰 은뜨이

Chelneriţă : Sigur că da.
시구르 꺼 다

Client : Iar la felul doi vreau să comand o friptură de porc cu garnitură
이아르 라 펠룰 도이 브레아우 서   꼬만드   오 프립뚜러 데 뽀르끄 꾸 가르니뚜러

de cartofi prăjiţi şi o porţie de salată verde.
데 까르또피 쁘러지찌 쉬 오 뽀르찌에 데 살라떠 베르데

Chelneriţă : Nu vreţi un aperitiv?
누 브레찌 운 아뻬리띠브

Client : Nu, mulţumesc.
누   물쭈메스끄

Chelneriţă : Nu vreţi nicio băutură?
누 브레찌 니치오 버우뚜러

Client : Ba da! Ce îmi recomandaţi?
바 다 체 으미   레꼬만다찌

Chelneriţă : Avem vin alb, roşu sau bere.
아벰 빈 알브, 로슈 사우 베레

Client : Nu-mi place vinul alb, nici berea. Vă rog să-mi aduceţi o sticlă de
누-미 쁠라체 비눌 알브 니치 베레아. 버 록 서-미 아두체찌 오 스띠끌러 데

vin roşu.
빈 로슈

Chelneriţă : Imediat!
이메디아뜨

한 손님이 레스토랑에 들어가 자리에 앉는다. 웨이트리스가 메뉴를 가져온다.
웨이트리스 : 안녕하세요, 선생님!
손님 : 안녕하세요!
웨이트리스 : 무엇을 원하십니까?
손님 : 메뉴에 뭐가 있는지 먼저 볼까요... 첫 번째로 소고기 치오르바를 주문할 수 있죠?
웨이트리스 : 물론입니다.
손님 : 그리고 두 번째로 튀긴 감자를 곁들인 미띠떼이 3개와 샐러드 1인분을 원합니다.
웨이트리스 : 전채요리는 원하지 않으세요?
손님 : 고맙지만 괜찮습니다.
웨이트리스 : 음료도 필요 없으신가요?
손님 : 왜 아니겠어요! 무얼 추천하실 수 있나요?
웨이트리스 : 백, 적포도주 아니면 맥주가 있습니다.
손님 : 백포도주를 좋아하지 않습니다, 맥주도. 적포도주 한 병 가져오세요.
웨이트리스 : 바로 갖다드리죠!

단어와 숙어 익히기

• domn (domni)	m. 신사 Mr
• intră	들어가다(a intra 동사의 3인칭 단수, 복수)
• ia	취하다, 가지다(a lua 동사의 3인칭 단수)
• loc (locuri)	자리, 장소
• chelneriță (chelnerițe)	웨이트리스(chelner 웨이터)
• aduce	가져오다(a aduce 동사의 3인칭 단수)
• maniu (meniuri)	n. 메뉴
• mâncare (mâncări, mâncăruri)	f. 음식
• domnişoară (domnişoare)	f. 아가씨 Miss
• doriţi	원하다(a dori 동사의 2인칭 복수)
• vedem	보다(a vedea 동사의 1인칭 복수)
• mănânc	먹다(a mânca 동사의 1인칭 단수)
• beau	마시다(a bea 동사의 1인칭 단수, 3인칭 복수)
• pot	할 수 있다(a putea 동사의 1인칭 단수, 3인칭 복수)
• comand	주문하다(a comanda 동사의 1인칭 단수)
• porţie (porţii)	f. 몫, 한끼분
• ciorbă (ciorbe)	f. 치오르바(신맛이 나는 루마니아 전통 스프)
• legumă (legume)	f. 채소
• sigur, sigură, siguri, sigure	확실한, 명백한
• Sigur că da!	물론이죠!
• fel (feluri)	n. 종류
• recomandaţi	추천하다, 권유하다(a recomanda 동사의 2인칭 복수)

• iar	그러나, 그리고, 한편
• vreau	원하다(a vrea 동사의 1인칭 단수)
• friptură (fripturi)	f. 스테이크
• porc (porci)	m. 돼지
• garnitură (garnituri)	f. 곁들임 요리 side dish
• cartof (cartofi)	m. 감자
• prăjit, prăjită, prăjiţi, prăjite	튀긴
• salată (salate)	f. 샐러드
• verde(sg) verzi(pl)	초록색의
• aperitiv (aperitive)	n. 전채요리
• nici	av. −도 아닌(부정 강조) : niciun, nicio…
• băutură (băuturi)	f. 음료
• vin (vinuri)	n. 포도주
• alb, albă, albi, albe	흰색의
• roşu, roşie, roşii(pl)	붉은색의
• bere (beri)	f. 맥주
• îmi place	나는 −좋아하다(a−i plăcea 동사의 1인칭 단수)
• rog	요청하다(a ruga 동사의 1인칭 단수)
• sticlă (sticle)	f. 병
• imediat	즉석의, 즉시, 바로

문법 따라잡기

1. 접속법 현재

　루마니아어에서는 접속법이 자주 사용되는데, 실현될 수 있거나 가능한 행동 표현에 사용한다. a vrea(원하다), a trebui(해야만 한다), a putea(할 수 있다) 등과 같은 조동사나 일반 동사 다음에 접속법을 사용한다.

조동사 (일반 동사) + să + 일반동사

직설법	접속법
Cumpăr o carte. 나는 책 한 권을 구입한다	Vreau să cumpăr o carte. 나는 책 한 권을 구입하기 원한다.
Cumperi o carte.	Vrei să cumperi o carte.
Cumpără o carte.	Vrea să cumpere o carte.
Cumpărăm o carte.	Vrem să cumpărăm o carte.
Cumpăraţi o carte.	Vreţi să cumpăraţi o carte.
Cumpără o carte.	Vor să cumpere o carte.
직설법	접속법
Lucrez aici. 나는 여기서 일한다.	Vreau să lucrez aici. 나는 여기서 일하기 원한다.
Lucrezi aici.	Vrei să lucrezi aici.
Lucrează aici.	Vrea să lucreze aici.
Lucrăm aici.	Vrem să lucrăm aici.
Lucraţi aici.	Vreţi să lucraţi aici.
Lucrează aici.	Vor să lucreze aici.

* 접속법에 사용되는 동사의 1, 2인칭 단수, 복수형은 직설법과 동일하나, 3인칭 단수, 복수에서만 모음 변환이 일어난다. 또한 접속법 3인칭은 단수와 복수형이 같으며, 이때 3인칭 복수형은 단수형에 맞춘다. 3인칭, 6인칭(3인칭 복수) 접속법 어미변화의 규칙은 아래와 같다.

	-a 동사				-î 동사			
	직설법	접속법	직설법	접속법	직설법	접속법	직설법	접속법
1								
2								
3	-ă	-e	-ează	-eze	-ă	-e	-ăşte	-ască
4								
5								
6	-ă	-e	-ează	-eze	-ă	-e	-ăsc	-ască

	−ea 동사		−e 동사		−i 동사			
	직설법	접속법	직설법	접속법	직설법	접속법	직설법	접속법
1								
2								
3	−e	−ă	−e	−ă	−e	−ă	−eşte	−ească
4								
5								
6	∅	-ă	∅	-ă	∅	-ă	−esc	−ească

* 루마니아어에서는 모음과 자음의 변환이 자주 일어난다. 접속법에 나타나는 대표적 모음 변환의 예시는 아래와 같다.

a/ea	ă/ea	ea/e
merge > să meargă cere > să ceară începe > să înceapă	cumpără > să cumpere numără > să numere	aşteaptă > să aştepte pleacă > să plece încearcă > să încerce
a/e	e/e	ie/ia
învaţă > să înveţe spală > să spele	vine > să vină vede > să vadă	iese > să iasă pierde > să piardă

* a trebui (−해야 한다)는 3인칭 단수 형태인 trebuie만 쓰이며, 인칭과 수에 관계없이 사용한다.

> **예문**
>
> Trebuie să lucrez. (나는 일 해야만 한다), Trebuie să mâncăm acum. (우리는 지금 먹어야만 한다)

* 불규칙동사

대표적인 접속법 불규칙동사는 a fi (să fiu, să fii, să fie, să fim, să fiţi, să fie)이다. 그 외에 주요 불규칙동사는 아래와 같다.

> **예문**
>
> are > să aibă, dă > să dea, bea > să bea, ia > să ia, stă > să stea, scrie > să scrie, ştie > să ştie, întârzie > să întârzie, taie > să taie

* 접속법의 부정은 "să + nu + 동사"이다.

2. 접속법의 분할

A. 접속사 să를 기준으로 앞에 오는 동사와 뒤에 오는 동사의 인칭이 꼭 일치하는 것은 아니다.

Vreau să mănânc.	(내가) 먹기를 나는 원한다.
Vreau să mănânci.	네가 먹기를 나는 원한다.

B. 직설법, 명령법, 접속법을 수행하는 동사 뒤에 접속법이 올 수 있다.

Merge la bibliotecă să studieze.	그는 공부하러 도서관에 간다. (직설법 + 접속법)
Veniți să mâncăm împreună!	와서 함께 먹읍시다! (명령법 + 접속법)
Vreau să merg să cumpăr cărți.	나는 책 사러 가기를 원한다. (접속법 + 접속법)

C. 의문사 다음에 오는 a vrea, a trebui, a putea 등과 같은 조동사는 접속사 să 앞에서 생략될 수 있다.

Ce vrea să caute aici? = Ce să caute aici?	그는 여기서 뭘 찾고 있을까?

D. 접속사 Să로 시작하는 명령법을 만들 수 있다.

Să scrii frumos!	예쁘게 써라!

E. 인칭대명사와 접속사 să의 결합

인칭대명사 여격 비강세형, 목적격 비강세형이 접속법에 사용될 때는 접속사 să 다음에 위치한다. 인칭대명사 목적격 비강세형 3인칭 남성 단수(îl), 복수(îi) 그리고 여성 단수(o)의 경우 연결형 축약이 일어나며, 여격 비강세형의 경우 1, 2, 3인칭(îmi, îţi, îi) 단수에서 연결형 축약이 일어난다.

여격	să-mi, să-ţi, să-i, să ne, să vă, să le
목적격	să mă, să te, să-l / s-o, să ne, să vă, să-i / să le

Vreau să-l aştept (pe el).　　나는 그를 기다리길 원한다.

Trebuie să-i cauţi acum.　　너는 지금 그들을 찾아야만 한다.

El trebuie să-mi dea banii înapoi.　　그는 내게 돈을 되돌려줘야만 한다.

3. 조동사 a putea

조동사 a putea(할 수 있다; pot, poţi, poate, putem, puteţi, pot)의 용법은 아래의 두 가지 모두를 사용할 수 있으며, 의무나 가능성을 의미한다.

a putea	+ 동사원형
	+ să + 동사 (접속법)

Pot ajunge mai devreme.　　나는 더 일찍 도착할 수 있다.

= Pot să ajung mai devreme.

Poate să vină în România.　　그는 루마니아에 올 수(도) 있다.

= Poate veni în România.

4. 인칭대명사 여격(3격)

인칭대명사 여격은 목적격과 마찬가지로 강세형과 비강세형이 있다. 비강세형의 -mi-, -ţi-, -i-, … 등은 각각 îmi, îţi, îi, … 등의 연결형이다. 이 연결형은 부정사 nu, 접속사 să, 복합과거(perfectul compus), 3격과 4격의 결합 등에 사용된다.

	단수			복수		
	1인칭	2인칭	3인칭	4인칭	5인칭	6인칭
강세형	mie	ţie	lui(m), ei(f)	nouă	vouă	lor
비강세형	îmi, -mi-	îţi, -ţi-	îi, -i-	ne, -ni-	vă, -vi-, -v-	le, -li-

인칭대명사 여격 비강세형의 활용은 아래 예시와 같다.

비연결형	부정	연결형
Îmi dă cartea. 그는 나에게 책을 준다.	Nu-mi dă cartea. 그는 나에게 책을 안준다.	Mi-e foame. 나는 배가 고프다.
Îţi dă cartea.	Nu-ţi dă cartea.	Ţi-e foame.
Îi dă cartea.	Nu-i dă cartea.	I-e foame.
Ne dă cartea.	Nu ne dă cartea.	Ne e foame.
Vă dă cartea.	Nu vă dă cartea.	Vă e foame.
Le dă cartea.	Nu le dă cartea.	Le e foame.

* 여격 강세형은 인칭대명사 여격 비강세형을 강조하거나 대답 등에 단독적으로 사용되지만, 문장 내에 홀로 올 수는 없다.

Îi dau lui cartea. = Îi dau cartea. 나는 그에게 책을 준다.

Cui dă această carte? 그는 누구에게 이 책을 주니? – Mie. 나에게

Ţie dau cartea. (X) > Ţie îţi dau cartea. (O) 나는 네게 책을 준다.

* 인칭대명사 3격(–에게) 비강세형과 4격(–을/를) 비강세형의 결합은 3격–4격의 어순으로 구성된다.

Îmi aduce ziarul. Îţi aduce ziarul. ⋮	Îmi dă banii. Îţi dă banii. ⋮	Îmi trimite revista. Îţi trimite revista. ⋮	Îmi cere biletele. Îţi cere biletele. ⋮
그는 ...에게 신문을 가져온다.	그는 ...에게 돈을 준다.	그는 ...에게 잡지를 보낸다.	그는 ...에게 티켓을 요구한다.
Mi-l aduce. Ţi-l aduce. I-l aduce. Ni-l aduce. Vi-l aduce. Li-l aduce.	Mi-i dă. Ţi-i dă. I-i dă. Ni-i dă. Vi-i dă. Li-i dă.	Mi-o trimite. Ţi-o trimite. I-o trimite. Ne-o trimite. V-o trimite. Le-o trimite.	Mi le cere. Ţi le cere. I le cere. Ni le cere. Vi le cere. Li le cere.

5. 호칭과 호격

* Mr. Mrs. Miss에 해당하는 루마니아어 호칭은 domn (domni), doamnă (doamne), domnişoară (domnişoare)이다.

> Domnul Popescu 뽀뻬스꾸 씨

* 호격은 누구를 호명 할 때 필요로 하는데, 호격은 주격과 동일한 형태를 취하는 경우가 많으며 때때로 호격어미를 붙여 만들기도 한다.

A. 남성단수의 경우 주격과 동일하거나 정관사 없이 −e를 붙이기도 하고, 정관사를 붙인 후 −e, −le를 취하기도 한다.

> Sorin 소린 > Sorin!/Sorine!, Radu 라두 > Radu!/Radule!, domn > Domnule! 선생님!, 신사분!, fiu > Fiule! 아들아, prieten > Prietene! 친구야

B. 여성명사는 대부분 주격과 동일하거나 정관사 −o 어미 형태로 끝난다.

> mamă > Mamă! 어머니, fată > Fată! 소녀야, doamnă > Doamnă! 부인!, domnişoară > Domnişoară! 아가씨!, Rodica 로디까 > Rodico!, bunică 할머니 > Bunico!

C. 복수 호격은 주격과 동일하거나 호격 어미 −lor를 붙여 만든다.

> băieţi 소년들 > Băieţi!, colege 여동료들> Colege!, Fraţilor! 형제들이여, Domnilor! 신사여러분, Doamnelor! 숙녀여러분

D. 그 외 dragă mamă! 사랑하는 엄마, dragi colegi! 친애하는 동료여러분, iubite prietene! 사랑하는 친구, stimate domnule profesor 존경하는 교수님 등이 많이 쓰인다.

표현 따라하기 🎧

Mi-e foame.
미에 포아메

나는 배가 고픕니다.

Mi-e sete.
미에 세떼

나는 목이 마릅니다.

Mi-e somn.
미에 솜느

나는 잠이 옵니다.

Mi-e cald.
미에 깔드

나는 덥습니다.

Îmi place vinul roşu.
으미 쁠라체 비눌 로슈

나는 붉은 포도주를 좋아합니다.

Poftă bună!
뽀프떠 부너

맛있게 식사하세요!

루마니아어로 말하기 🎧

회화 1

• Ţi-e sete?
　　찌에 세떼

너 목 마르니?

• Nu, nu mi-e sete. Mi-e foame.
　누　누 미에 세떼　미에 포아메

아니 목 마르지 않아. 배가 고파.

회화 2

• Vă e suficientă mâncarea?
　버 예 수피치엔떠　　믄까레아

당신께 음식이 충분한가요?

• Da, îmi ajunge.
　다　으미　아준제

그래요, 충분해요.

회화 3

- Mai doriţi ceva?　　　더 원하시는 게 있나요?
마이　도리찌　체바

- Pentru desert, două îngheţate, două cafele şi … nota de plată, vă
빤뜨루　데세르뜨　도우어　은게짜떼　도우어　까펠레 쉬 …　노따 데 쁠라떠　버

rog.
록

디저트로 아이스크림 2개, 커피 2잔 그리고… 계산서 부탁합니다.

5단계

함께 연습하기

1. 괄호 안의 동사를 접속법 3인칭에 맞게 고치세요.

Vrea să (a ajunge) devreme la facultate.

Poate să (a veni) pe jos la şcoală.

Vrea să (a învăţa) limba română.

Vor să (a merge) cu tramvaiul.

Ei vor să (a fi) la mare acum.

2. 주어진 동사의 접속법 3인칭을 쓰세요.

cere – să (　　　), are – să (　　　), stă – să (　　　),

aşteaptă – să (　　　), pleacă – să (　　　), iese – să (　　　),

începe – să (　　　), bea – să (　　　), mănâncă – să (　　　),

3. 괄호 안에 적합한 인칭대명사 여격과 목적격을 적으세요.

Maria (　　) trimite revista. 마리아는 **네게** 잡지를 보낸다.

Astăzi (　　) telefonez. 나는 오늘 **그녀에게** 전화한다.

(　　) poţi aştepta? 너는 **그녀를** 기다릴 수 있니?

(　‥) opreşte la intrare. 그는 **나를** 입구에서 멈춰 세운다.

4. 주어진 문장을 보기와 같이 3격-4격 어순에 맞게 쓰세요.

> 보기 : Îmi trimite scrisoarea.   그는 내게 편지를 보낸다. > Mi-o trimite.

Îţi dă banii.

Vă cere biletele.

Îi împrumută cărţile.

Ne aduce scaunul.

5. 다음을 루마니아어로 옮기세요.

1) 적포도주를 마시고 싶습니다.

2) 현대 음악 듣기를 좋아합니다.

3) 그는 나에게 잡지를 가져다주기로 약속한다.

4) 당신은 뭔가 마시기를 원하십니까? (존칭)

5) 그는 내게 아무것도 원하지 않는다.

6단계

문화의 이해

루마니아의 음식

루마니아는 다른 여느 유럽 국가와 마찬가지로 빵과 감자, 육류와 옥수수를 주식으로 한다. 루마니아 음식 맛에 있어 가장 큰 특징을 한 마디로 얘기하라면 신맛이라고 할 수 있을 것이다. 향신료 문화가 발전하지 못한 루마니아 음식에는 기본 양념으로 거의 모든 음식에 식초와 소금이 가미된다. 그중 루마니아의 대표적인 음식이자 전통적인 스프인 치오르버(Ciorbă) 역시 신맛을 기본으로 하고 있으며, 신선한 야채를 모아 놓은 샐러드도 식초와 소금 그리고 식용유로 맛을 낸다.

루마니아의 대표적인 음식으로는 전통스프인 치오르버(Ciorbă), 숯불에 구운 고기경단인 미띠떼이(Mititei), 곁들인 음식(side dish)으로 먹는 옥수수 죽 머멀리거(Mămăligă), 포도 잎이나 절인 양배추로 싼 고기경단 사르말레(Sarmale), 각종 고

기 조각에 토마토소스를 곁들인 또끼뚜러(Tochitură), 꼬챙이 요리 프리거루이
(Frigărui)등이 있다.

  * 치오르버(Ciorbă) : 루마니아 사람들은 일반적으로 신맛이 없는 섯을 수뻐
(supă)라고 하며, 신맛이 나는 것을 치오르버라고 지칭한다. 치오르버는 닭, 생선,
소고기, 돼지고기, 소내장, 고기경단 등을 주원료로 한 6 종류 이상이 있다. 통상
점심에 빵과 함께 하는 기본식이며, 입맛에 따라 생크림의 일종인 스믄뜨너
(Smântână)나 고추, 마늘 등을 첨가해서 먹는다. 그중 '치오르버 데 부르떠
(Ciorbă de burtă)'는 소 내장, 양 등을 잘 다듬어 하얀 생크림과 식초 비슷한 발효
액을 넣고 끓인 스프의 한 종류인데, 신맛이 가미된 곰탕과 비슷하다. 식초와 매
운 고추를 곁들이면 해장국이 되기도 한다.

  * 미띠떼이(Mititei) : 시장의 한 켠이나 길거리의 휴게소 등 어디서나 파는 대중
음식으로 곱게 간 고기, 마늘, 소금, 후추 등을 뼈로 우려낸 국물로 반죽을 해 가
늘고 긴 경단으로 만든 후 숯불에 구워먹는 음식이다. 겨자소스를 찍어 빵과 함께
먹는데, 한국인의 식성에도 잘 맞는다.

  * 사르말레(Sarmale) : 다진 돼지고기와 소고기, 쌀, 양파 등을 버무려 소금에
절인 포도 잎이나 양배추로 싼 후 토마토소스를 얹어 끓인 음식이다. 주로 명절
때 먹는 음식이지만, 결혼식이나 장례식, 손님이 올 때 별식으로 차린다. 빵과 함
께 먹는데 이 역시 미띠떼이와 마찬가지로 한국인의 식성에 잘 맞는다.

  * 머멀리거(Mămăligă) : 빵의 대용품으로 질게 끓인 일종의 옥수수가루 범벅
(죽)이다. 통상 여자가 주 음식을 만들 때 손재주 없는 남자들은 이 머멀리거를 만
든다고 하는데, 불에 그슬리지 않도록 계속 저어야 하기 때문이다. 보기에 만들기
쉬워보여도 음식이 완성될 때까지 쉬지 말고 일정한 속도로 계속 저어주어야 하기
때문에 늘 남자들의 몫으로 남는다. 옥수수를 빻아 만든 가루 멀라이(Mălai)를 물
에 섞어 냄비에 넣어 끓이면 머멀리가가 완성된다. 어느 음식과도 잘 어울리지만
일반적으로 아래의 또끼뚜러와 함께 먹는다.

  * 또끼뚜러(Tochitură) : 닭, 소시지, 소고기, 돼지고기, 간 등을 작은 깍두기 모
양으로 토막 친 후 토마토소스 등과 함께 버무려 볶은 음식으로 맛이 좋다. 통상
머멀리거와 함께 먹는다.

  * 프리거루이(Frigărui) : 기다란 꼬챙이에 먹음직스럽게 쓴 고기토막과 양파,
당근 등의 채소를 번갈아 차곡차곡 끼운 후 숯불에 구워먹는 음식이다. 남동유럽

에 보편적으로 널리 퍼져있는 음식이기도 하다.

Familia mea

나의 가족

Familia este foarte importantă pentru toţi oamenii.
파밀리아 예스떼 포아르떼 임뽀르딴떠 뜨루 또찌 오아메니

Familia mea este mare. Din familia mea fac parté mama, tata, doi fraţi
파밀리아 메아 예스떼 마레. 딘 파밀리아 메아 팍 빠르떼 마마 따따 도이 프라찌

şi o soră.
쉬 오 소러

Tata este acum pensionar şi mama este doctoriţă la spitalul de urgenţe.
따따 예스떼 아꿈 빤시오나르 쉬 마마 예스떼 독또리쩌 라 스삐딸룰 데 우르젠쩨

Fratele cel mare este inginer şi s-a căsătorit acum doi ani.
프라뗄레 첼 마레 예스떼 인지네르 쉬 사 꺼서또리뜨 아꿈 도이 아니

Cumnata mea a lucrat într-o firmă, dar acum este casnică.
꿈나따 메아 아 루끄라뜨 은뜨로 피르머 다르 아꿈 예스떼 까스니꺼

Ei au un copil care are un an.
예이 아우 운 꼬삘 까레 아레 운 안

De câte ori trec pe la ei, mă joc mult cu nepotul meu.
데 끄떼 오리 뜨레끄 뻬르 라 예이 머 족 물뜨 꾸 네뽀뚤 메우

Fratele cel mic este licean şi sora mea este studentă la Facultatea
프라뗄레 첼 믹 예스떼 리체안 쉬 소라 메아 예스떼 스뚜덴떠 라 파꿀따떼아

de Medicină.
데 메디치너

Iar eu sunt student la Facultatea de Litere
이아르 예우 순뜨 스뚜덴뜨 라 파꿀따떼아 데 리떼레

Bunicii mei locuiesc la ţară şi acolo au multe rude.
부니치 메이 로꾸이에스끄 라 짜러 쉬 아꼴로 아우 물떼 루데

În lumea modernă, familiile sunt din ce în ce mai mici.
은 루메아 모데르너 파밀릴레 순뜨 딘 체 은 체 마이 미치

Dar, bunicul meu a spus des că, cu cât familia e mai mare, cu atât
다르 부니꿀 메우 아 스뿌스 데스 꺼 꾸 끄뜨 파밀리아 예 마이 마레 꾸 아뜨뜨

copiii cresc mai normal şi mai bine.
꼬삐- 끄레스끄 마이 노르말 쉬 마이 비네

가족은 모든 사람들에게 있어 매우 중요하다.

내 가족은 대가족이다. 내 가족은 아버지, 어머니, 두 형제와 여동생 한 명이다.

아버지는 현재 연금수령자이시고 어머니는 응급병원의 의사이시다.

형은 기술자이며 2년 전에 결혼했다.

나의 형수님은 회사에서 일하셨고 지금은 가정주부이다.

그들에게는 한 살 짜리 아이가 하나 있다.

내가 형님 댁에 갈 때마다 나는 조카와 잘 논다.

남동생은 고등학생이고, 여동생은 의과대학 학생이다.

그리고 나는 문과대학 학생이다.

할아버지와 할머니는 시골에 사시며 그곳에 많은 친척들을 가지고 계신다.

현대사회에서 가족은 점점 그 규모가 작아지고 있다.

하지만, 가족이 많으면 많을수록 아이들은 더 정상적이고 더 잘 자랄 수 있다고 할아버지
께서 종종 말씀하셨다.

단어와 숙어 익히기

• familie (familii)	f. 가족
• important, importantă, importanţi, importante	중요한
• tot, toată, toţi, toate	모든
• om (oameni)	m. 사람
• parte (părţi)	f. 부분, 편
• tată (taţi)	m. 아버지
• soră (surori)	f. 여자형제
• pensionar (pensionari)	m. 연금수령자, 정년퇴임자
• doctoriţă (doctoriţe)	f. 여의사, 여자 박사
• spital (spitale)	n. 병원
• de	prep. −의
• urgenţă (urgenţe)	f. 응급, 긴급
• căsători (căsătoresc)	결혼시키다(a se căsători 결혼하다)
• acum	지금, −전에
• cumnată (cumnate)	f. 형수, 제수, 시누이, 올케
• casnică (casnice)	f. 가정주부
• de câte ori	−할 때 마다
• a (se) juca	놀다, 플레이하다
• nepot (nepoţi)	m. 조카, 손자
• licean (liceeni)	m. 남자 고등학생
• Facultatea de Medicină	의과대학
• Facultatea de Litere	문과대학
• care	어느, 어떤(것, 사람) (의문관계대명사, 형용사)
• bunic (bunici)	m. 할아버지

• bunică (bunice)	f. 할머니
• locuiesc	거주하다(a locui 동사의 1인칭 단수, 3인칭 복수)
• ţară (ţări)	f. 나라, 지방, 시골
• rudă (rude)	f. 친척
• lume (lumi)	f. 세계, 사람
• din ce în ce mai + 형용사	점점 더 ~
• atât	a, av. 그렇게, 그만큼
• cresc	자라다(a creşte 동사의 1인칭 단수, 3인칭 복수)
• normal, normală, normali, normale	정상적인, 보통의

2 단계

문법 따라잡기

1. 소유형용사, 소유대명사

소유형용사는 다른 형용사와 마찬가지로 명사 뒤에 위치하며, 한정하는 명사의 성과 수의 지배를 받는다. 이때 한정되는 명사는 정관사를 취하는 것이 원칙이다.

	단수(sg)			복수(pl)		
	m	n	f	m	n	f
eu	meu		mea	mei		mele
tu	tău		ta	tăi		tale
el/ea	să		sa	săi		sale
el/ea	lui		ei	lui		ei
noi	nostru		noastră	noştri		noastre
voi	vostru		voastră	voştri		voastre
ei/ele	lor					

* 3인칭은 său-sa-săi-sale 형태와 lui, ei 형태가 모두 가능하지만 후자가 보편적으로 사용된다.

예문

Este fratele meu (sora mea). / (Sunt fraţii ei / fraţii mei / surorile noastre).
그는 나의 형제 (나의 누이 / 그녀의 형제들 / 나의 형제들 / 우리들의 여동생들) 이다.
Sunt vecinii săi (vecinii noştri / vecinii lui / vecinii voştri).
그들은 그의 이웃들 (우리들의 이웃들 / 그의 이웃들 / 너희들의 이웃들) 이다.

* 소유형용사 앞에 성과 수에 맞는 소유관사(al, a, ai, ale – 7과 문법 참고)를 붙이면 소유대명사가 된다.

예문

casa mea 나의 집 > a mea 나의 것(집), fiul meu 나의 아들> al meu 나의 것 (아들), vecinii noştri 우리들의 이웃들 > ai noştri 우리들의 것들(이웃들)

2. 인칭대명사 소유격(2격)

루마니아어 인칭대명사 소유격(2격)은 3인칭에만 존재하며, 나머지 인칭의 소유격은 명사의 격변화나 소유형용사로 대체되어 사용된다.

3인칭	남성(m)	여성(f)
단수(sg)	lui	ei
복수(pl)	lor	

예문

Biroul colegului este mare. 남자 동료의 사무실은 크다. > Biroul lui este mare.
Biroul colegei este mare. 여자 동료(sg)의 사무실은 크다. > Biroul ei este mare.
Biroul colegilor este mare. 남자 동료들의 사무실은 크다. > Biroul lor este mare.
Biroul colegelor este mare. 여자 동료들(pl)의 사무실은 크다. > Biroul lor este mare.

3. 복합과거(Perfectul compus)

A. 복합과거

루마니아어의 시제는 크게 과거, 현재, 미래로 나눈다. 복합과거는 과거 시제의 한 형태로 과거에 시작된 어떤 행위나 행동이 말하기 직전 또는 동시에 완료된 경우에 사용된다. 흔히 영어에서 '현재완료(have+pp)'라 부르는 시제와 동일하다. 복합과거를 만드는 방법은 "조동사+과거분사(participiu)"이다.

인칭	복합과거 유형		예문
1	am		Am citit ziarul. 나는 신문을 읽었다.
2	ai		Ai citit ziarul. 너는 신문을 읽었다.
3	a	+ 과거분사	A citit ziarul. 그(녀)는 신문을 읽었다.
4	am		Am citit ziarul. 우리들은 신문을 읽었다.
5	ați		Ați citit ziarul. 너희들은 신문을 읽었다.
6	au		Au citit ziarul. 그들(그녀들)은 신문을 읽었다.

* 부정문은 조동사 앞에 nu를 사용한다. 이때 nu와 조동사 사이에는 연결형 축약이 일어난다.

예문

Nu am mâncat nimic. > N-am mâncat nimic. 나는 아무 것도 먹지 못했다.

Nu a făcut nimic de ieri. > N-a făcut nimic de ieri. 그는 어제부터 아무 일도 안 했다.

B. 과거분사

* 동사의 과거분사는 동사의 어미에 따라 크게 두 유형(–t, –s)으로 나눈다. 과거분사는 문장 속에서 복합과거 형을 만들지만, 단독으로 사용될 때는 형용사나 명사의 기능을 가지기도 한다.

동사유형	–a 동사	–î 동사	–i 동사	–ea 동사	–e 동사	
과거분사	–at	–ât	–it	–ut	–ut	–s

예시 : a lucra > lucrat, a citi > citit, a merge > mers, deschide > deschis, a cumpăra > cumpărat, începe > început, a coborî > coborât, a cere > cerut

Au adus un manual de limba română. 그들은 루마니아어 교재 한 권을 가져왔다. (aduce > adus)

* 일부 동사의 경우 과거분사로 변형될 때 모음과 (또는) 자음의 변환이 일어난다.

모음 변환의 경우			
a / ă	i / â	â / a	oa / o
a bate > bătut a face > făcut	a vinde > vâdut	a rămâne > rămas	a întoarce > întors a scoate > scos
자음 변환의 경우			
d / z		şt / sc	
a cădea > căzut, a crede > crezut		a creşte > crescut	
모음과 자음 변환의 경우			
a / ă, şt / sc	e / ă, d / z		oa / o, şt / sc
a naşte > născut	a vedea > văzut		a cunoaşte > cunoscut

* 대표적인 과거분사 불규칙 형태 :

a fi > fost, a bea > băut, a şti > ştiut, a avea > avut, a coace > copt, a fierbe > fiert, a frige > fript, a sparge > spart, a rupe > rupt

C. 인칭대명사와 복합과거의 결합

인칭대명사 여격과(또는) 목적격이 올 때는 복합과거의 조동사 앞에 위치하며, 연결형 축약이 일어난다.

여격	mi-a, ţi-a, i-a, ne-a, v-a, le-a
목적격	m-a, te-a, l-a, ne-a, v-a, i-a / le-a

Nu i–am telefonat.	나는 그(녀)에게 전화하지 않았다.
V–a cerut cartea.	그는 너희들에게 책을 요구했다.
L–au aşteptat de mult.	그들은 그를 오랫동안 기다렸다.

* 예외로 인칭대명사 목적격 3인칭 여성단수 o는 조동사 앞에 위치하지 않고, 유일하게 과거분사 뒤에 연결형으로 위치한다.

예문

O caut. 나는 그녀를 찾는다. ＞ Am căutat-o. 나는 그녀를 찾았다.

* 부정문이 인칭대명사를 취하는 경우 부정사 nu 는 독립적으로 사용되고, 인칭대명사는 조동사에 앞에 연결형으로 위치한다.

예문

Nu le-a căutat Ion.	이온은 그녀들을 찾지 않았다.
Nu mi-a adus nimic.	그는 나에게 아무 것도 가져오지 않았다.
N-a căutat-o.	그는 그녈 찾지 않았다.

4. 지시관사 cel(그-, 저-)

명사와 이 명사를 한정하는 형용사를 연결시키며, 앞에 오는 명사의 성과 수의 지배를 받는다.

	sg.		pl.	
	m, n	f	m	n, f
주격, 목적격	cel	cea	cei	cele
소유격, 여격	celui	celei	celor	

예문

El are doi copii. (Copilul) cel mare e student şi (copilul) cel mic e licean. 그는 두 아이를 갖고 있다. 큰 아이는 대학생이고, 작은 아이는 고등학생이다.

Sora mea are doi copii. Cei doi (copii) sunt elevi. 나의 누이는 두 아이를 갖고 있다. 그 둘은 초등학생들이다.

Nu trebuie sa-i dea nimic celui leneş. 게으른 자에게는 아무 것도 주지 말아야 한다.

5. 의문관계대명사, 의문관계부사

Cine (누구), Ce (무엇), Câţi/Câte (얼마나 많은) 등과 같은 의문대명사나 Unde (어디), De unde (어디에서), Când (언제), De când (언제부터), Cum (어떻게) 등과 같은 의문부사가 문장 내에 사용될 때는 관계절을 구성하는 관계대명사나 관계부사의 역할을 한다. 이때 어순에는 변동이 없다.

의문대명사/부사	관계대명사/부사
Cine (누구)	
Cine scrie? 누가 쓰고 있니?	Întreb cine scrie. 누가 쓰고 있냐고 나는 묻는다.
Ce (무엇)	
Ce scrie? 그는 무얼 쓰고 있니?	Întreb ce scrie. 그가 무얼 쓰고 있는지 나는 묻는다.
Câţi (얼마나 많은)	
Câţi (bani) are? 그는 (돈을) 얼마나 갖고 있나?	Întreb câţi (bani) are. 그가 (돈을) 얼마나 갖고 있는지 나는 묻는다.
Unde (어디)	
Unde lucrează? 그는 어디서 일하니?	Întreb unde lucrează. 그가 어디서 일하는지 나는 묻는다.
Când (언제)	
Când vine ea? 그녀가 언제 오니?	Întreb când vine ea. 그녀가 언제 오는지 나는 묻는다.
Cum (어떻게)	
Cum respiră? 그는 어떻게 숨 쉬니?	Vreau să aflu cum respiră. 그가 어떻게 숨 쉬는지 나는 알고 싶다.

6. 대등접속사, 종속접속사, 상관접속사

A. 대등접속사 : 대표적인 대등접속사는 아래와 같다.

şi (그리고), dar (하지만), iar (그러나, 그리고) deci (결국, 그래서), ori (~인지),
însă (그러나, 한편), sau (또는), ci (그러나, 오히려)

Pleci sau rămâi?   떠날거니 머물거니?

Acel domn n-are băieţi, ci numai fete.   그 신사는 아들은 없었고 딸들만 있었다.

* 'nu A, ci B' 구문은 'A가 아니고, B이다' 의 의미를 가진다.

B. 종속접속사

că (−것을, 때문에, −고, 로), căci (때문에), dacă (만약 −한다면), deoarece (때문에),
deşi (할지라도, 불구하고), fiindcă (때문에), precum (처럼), pentru că (때문에)

Cred că faci bine.　　　　　　　네가 잘 할 것으로 믿는다.

Eu îi cunosc bine căci am trăit cu ei.　나는 그들과 함께 살았기 때문에 그들을
　　　　　　　　　　　　　　　　잘 안다.

C. 상관접속사 : 대표적인 상관 접속사는 아래와 같다.

De câte ori ..., de atâtea ori ... (...할 때마다 매번 ...하다)
Cu cât ..., cu atât ... (...하면 할수록 ...하다)
Deşi (= Cu toate că) ..., totuşi ... (...에도 불구하고 ...하다)

De câte ori aud despre el, de atâtea ori nu pot să-l înţeleg.
그에 대해 들을 때마다 그를 이해할 수 없다.

Deşi (=Cu toate că) i−am spus să vină la timp, totuşi vine târziu.
그에게 정시에 오라고 일렀건만 그는 늦게 온다.

3단계

 표현 따라하기 

Ea este logodnica mea.　　　　그녀는 나의 약혼녀입니다.
예아 예스떼 로고드니까　메아

Câţi copii aveţi?　　　　　　　자녀가 몇 입니까?
끄찌　꼬삐− 아베찌

Tu semeni bine cu mama ta.　　너는 네 엄마와 많이 닮았다.
뚜　세메니 비네 꾸 마마 따

* 가족사항 단어정리

neam (neamuri) n 종족, 민족,　　　rudă (rude) f 친척

tată (taţi) m 아버지,　　　mamă (mame) f 어머니

soră (surori) f 여자형제,　　　frate (fraţi) m 남자 형제

fiu (fii) m 아들,　　　fiică (fiice) f 딸

cumnat (cumnaţi) m 아주버니, 처형, 처남, 도련님

cumnată (cumnate) f 형수, 제수, 시누이, 올케

nepot (nepoţi) m 남자 조카, 손자,　　　nepoată (nepoate) f 여자 조카, 손
　　　　　녀

bunic (bunici) m 할아버지,　　　bunică (bunice) f 할머니

unchi (unchi) m 아저씨, 삼촌,　　　mătuşă (mătuşi) f 아주머니, 숙모

văr (veri) m 남자 사촌,　　　verişoară (verişoare) f 여자 사촌

logodnic (logodnici) m 약혼남,　　　logodnică (logodnice) f 약혼녀

soţ (soţi) m 남편,　　　soţie (soţii) f 아내 (= nevastă)

socru (socri) m 시아버지, 장인,　　　soacră (soacre) f 시어머니, 장모

ginere (gineri) m 사위,　　　noră (nurori) f 며느리

mire (miri) m 신랑,　　　mireasă (mirese) f 신부

4단계

루마니아어로 말하기

회화 1

• Cum vă numiţi dumneavoastră?　　　당신 이름은 무엇입니까?
　꿈　　버　누미찌　　둠네아보아스뜨러

• Eu mă numesc Alin Popescu.　　　내 이름은 알린 뽀뻬스꾸입니다.
　예우 머　누메스끄　알린　뽀뻬스꾸

- Sunteţi căsătorit(ă)?　　　　　당신은 기혼이십니까?
  순떼찌　꺼서또리뜨(떠)

  (căsătorit는 형용사로 주어가 남성이면 căsătorit, 여성이면 căsătorită를 쓴
  다)

- Nu, nu sunt căsătorit(ă). (= Nu, sunt necăsătorit(ă))
  누　누　순뜨　꺼서또리뜨(떠).　　　누　순뜨　네꺼서또리뜨(떠).

  아니오, 기혼이 아닙니다. (= 아니오, 미혼입니다.)

회화 3

- În fotografie sunt rudele voastre?
  은 포또그라피에　순뜨　루델레　보아스뜨레

  사진에 있는 게 너희들의 친척들이니?

- Suntem noi şi o parte dintre rudele noastre.
  순뗌　노이 쉬 오 빠르떼 딘뜨레　루델레　노아스뜨레

  우리와 우리 친척의 일부야.

5단계

함께 연습하기

1. 괄호 안에 알맞은 소유형용사 형태를 적으세요.

   Cărţile (우리들의) sunt bune.

   Prietenii (너희들의) vin de la şcoală.

   Casa (그녀의) este frumoasă.

   Copilul (나의) citeşte o carte.

   Biletele (너의) sunt scumpe.

2. 괄호 안에 적합한 지시관사를 넣으세요.

   fratele (　　) mare, sora (　　) mică

3. 주어진 동사의 과거분사를 쓰세요.

a bate, a fi, a bea, a şti, a avea, a mânca, a merge, a face, a rămâne, a vedea

4. 주어진 복합과거 또는 접속법에 적합한 인칭대명사 형태를 쓰세요.

(우리들을)–a căutat Ion.   A găsit–(그녀를).

(그들에게)–a dat cheia.   (우리에게)–a răspuns.

Ce vrei să–(나에게) spui?   Ce să–(너에게) aduc?

Vrei să–(그에게) întrebi?   Nu vrea s–(그녀를) vadă.

5. 다음을 루마니아어로 옮기세요.

1) 난 대가족을 가지고 있습니다.

2) 그는 세 형제와 두 누이를 가지고 있다.

3) 너희들의 아버지는 기술자이시다.

4) 그는 나의 아이들에게 새로운 교재들을 가져다준다.

5) 교수님께서 언제 오는지 그는 묻는다.

문 화 의 이 해

'뜨란스후만쩌'와 '여자시장'

루마니아의 농경문화는 밀농사나 밭농사 외에도 이목을 기본으로 한다. 루마니아의 중앙을 가로지르는 까르빠찌(Carpaţi) 산맥은 풍부한 산림자원과 사계절을 기반으로 목축업에 적합한데, 특히 고산지와 목초지는 양을 기르는데 널리 이용되어왔다. 구릉지와 산악지대에서 양을 기르는 이목은 루마니아의 전통 농경문화의 모습 중 하나인데, 이를 '양떼들의 이동'이라 칭하는 '뜨란스후만쩌(Transhumanţă)라 부른다. 이 풍습은 양치기들이 봄에 양떼들을 몰고 고산지대의 목초지로 올라가 공동생활을 하다가 겨울이 되면 추위를 피할 수 있는 다뉴브 강 저습지나 강가로 내려오는 것을 말한다. 이러한 목동들의 규칙적인 이동은 루마니아 언어와 문화가 지역에 관계없이 고산지대와 평야지대에서 통일성을 유지할 수 있게 한 중요한 요인이기도 하다. 이 '뜨란스후만쩌'에서 양치기들은 하나의 공동체를 만들어 함께 생활하며 양들을 사육한다. 그들이 소유한 양의 수는 각각 다르기 때문에 하나의 목동 공동체를 형성하기 전 그들은 서로 양의 수를 확인한다. 이후 양모를 팔거나, 양젖으로 만든 치즈를 내다 팔 때, 모든 수익은 각 개인이 소유한 양의 수에 따라 이익을 배분한다. 이러한 목동들의 공동체 생활을 '슴브라 오일로르(Sâmbra Oilor, 양 공동체)'라 부른다. 여기서 한 가지 흥미로운 점은 양치기들이 산에 머무는 동안 처음 불을 지피면 그들이 하산할 때까지 그 불꽃이 낮이나 밤이나 꺼지지 않도록 지키는데, 이는 양들의 다산과 목동들의 무사안녕을 기원하는 하나의 의식이다.

이러한 루마니아 양치기 생활과 관련하여 재미있는 여름축제가 있는데, 다름 아닌 '여자시장(Târgul fetelor)'이다. 옛날 루마니아의 공동체 사회는 자급자족의 경제생활을 하고 있었지만, 이후 공동체가 커짐에 따라 잉여 물건에 대한 교환 필요성을 느끼게 되었고, 자연스럽게 전통시장이 생겨나게 되었다. 이는 필요한 물건을 교환하고 구입하는 시장으로서의 기능뿐만 아니라 서로 다른 지역 공동체의 사람들이 접촉하는 만남의 장 역할을 하게 되었고, 이후 정기적인 시장 혹은 축제로서의 의미를 가지게 되었다. 루마니아의 미혼 남성들, 특히 양치기들은 봄이 되면 양을 데리고 산으로 올라갔다가 늦은 가을이 되면 각자의 집으로 돌아오기 때문에 적령기의 배필감을 만날 수 있는 시간이 없었고, 미혼 여성들 역시 집안에 머물며 가사를 돕기 때문에 만남이 이루어지기가 어려웠다. 따라서 산악지대나 구릉지의 젊은 남녀가 자연스럽게 만날 수 있는 만남의 장소가 필요하게 되었고, 이를 계기로 전통시장이 세워졌는데, 아뿌세니(Apuseni) 산악지역의 거이너(Găina) 산기슭에서 매년 7월 세 번째 일요일에 열리는 이 장을 '여자시장'이라 부른다.

La telefon

전화에서

Gabi : Alo! Bună ziua! Familia Ionescu? La telefon, Gabi Sava. Vă rog,
알로 부너 지우아 파밀리아 이오네스꾸 라 뗄레폰 가비 사바 버록

pot să vorbesc cu Adi?
뽀뜨 서 보르베스끄 꾸 아디

Mihai Ionescu : Desigur. Aşteptaţi un moment!
데시구르 아슈뗍따찌 운 모멘뜨

Adi : Salut, Gabi! Ce mai faci?
살룻 가비 체 마이 파치

Gabi : Mulţumesc, bine! Adi, te rog frumos, poţi să-mi dai înapoi caietul
물쭈메스끄 비네 아디 떼 록 프루모스 뽀찌 서-미 다이 으나뽀이 까이에뚤

pe care ţi l-am împrumutat săptămâna trecută?
뻬 까레 찌 람 음쁘루무따뜨 섭떠므나 뜨레꾸떠

Adi : Sigur că da. Când îţi trebuie?
시구르 꺼 다 끈드 으찌 뜨레부이에

Gabi : Mâine. Pentru că trebuie să prezint un subiect la seminarul de
므이네 뻰뜨루 꺼 뜨레부이에서 쁘레진뜨 운 수비엑뜨 라 세미나룰 데

poimâine.
뽀이므이네

Adi : Dar din păcate... n-am curs mâine dimineaţă, ci numai după-amiază.
다르 딘 뻐까떼... 남 꾸르스 므이네 디미네아쩌 치 누마이 두뻐-아미아저

Nu-i nicio problemă dacă ţi-l dau mâine după-amiază?
누이 니치오 쁘로블레머 다꺼 찔 다우 므이네 두뻐-아미아저

Gabi : Nu, nu e nicio problemă. Nici eu n-am curs mâine dimineaţă.
누 누 예 니치오 쁘로블레머 니치 예우 남 꾸르스 므이네 디미네아쩌

Adi : Foarte bine! Când ajung la şcoală, te sun. Ne vedem mâine!
포아르떼 비네 끈드 아준그 라 슈꼬알러 떼 순 네 베뎀 므이네

Gabi : Pe mâine. Pa!
뻬 므이네 빠

가비 : 여보세요? 안녕하세요? 이오네스꾸 씨 댁입니까? 저는 가비 사바입니다. 부탁드리
　　　는데, 아디와 통화할 수 있을까요?
미하이 이오네스꾸 : 물론입니다. 잠깐만 기다리세요!
아디 : 안녕, 가비! 잘 지내니?
가비 : 고마워, 잘 지내. 아디, 중요한 부탁이 있는데 지난주에 빌려준 노트 좀 돌려주렴?
아디 : 물론이지. 언제 네게 필요한데?
가비 : 내일. 왜냐하면 내일 모레 세미나에서 주제 하나를 발표해야 하거든.
아디 : 그런데 불행하게도... 내일 아침에는 수업이 없고 오후에만 있어. 내일 오후에 네게
　　　노트를 돌려주면 문제가 전혀 없겠니?
가비 : 아니, 전혀 문제 없어. 나도 내일 아침엔 수업이 없는 걸.
아디 : 정말 잘 됐네! 학교에 도착하면 네게 전화할게. 내일 보자!
가비 : 내일 보자. 안녕!

단어와 숙어 익히기

• Alo!	여보세요! 여기!
• a vorbi (vorbesc)	말하다
• desigur	물론, 당연히
• moment (momente)	n. 순간
• Te(Vă) rog frumos...	정중히 부탁드립니다만...
• a da (dau) înapoi	되돌려 주다, 갚다
• caiet (caiete)	n. 공책, 노트
• care	어떤(것, 사람)(의문관계대명사)
• a împrumuta (împrumut)	빌려주다, 빌리다
• trecut, trecută, trecuţi, trecute	지난
• a prezenta (prezint)	소개하다, 제출하다, 제시하다
• seminar (seminare)	n. 세미나
• poimâine	내일모레
• păcat (păcate)	죄, 불행(din păcate 불행하게도)
• amiază (amiezi)	정오(după-amiază 오후)
• problemă (probleme)	f. 문제
• nici	av. -도 아닌(부정 강조)
• a ajunge (ajung)	도착하다, 이르다
• Pe mâine!	내일 봐!
• Pa!	안녕!(헤어질 때)
• Salut!	안녕!(만날 때)

문법 따라잡기

1. 의문관계대명사, 형용사 care(어느, 어떤(것, 사람))

		단수		복수
		m, n	f	m, n, f
주격, 목적격	형용사 대명사	care		
소유격, 여격	형용사	(소유관사) cărui	(소유관사) cărei	(소유관사) căror
	대명사	(소유관사) căruia	(소유관사) căreia	(소유관사) cărora

* care는 의문사 '어느, 어떤(것, 사람)'으로서 의문문을 만드는 경우와 관계사로서 문장 내 관계절을 이끄는 것이 주요 역할이다.
* 소유격, 여격에 표기된 소유관사의 경우, care가 소유격으로 사용될 때는 소유관사 (al, a, ai, ale)가 필요하고, 여격으로 사용될 때는 소유관사가 필요 없다.

A. 의문대명사 care의 주격과 목적격 : 목적격(4격)의 경우 care 앞에 전치사 pe를 사용하는 것이 대표적이다.

Au sosit nişte colegi. Care (coleg) este prietenul tău?

몇몇 동료들이 도착하였다. 누가 (어느 동료가) 너의 친구냐?

Care (profesori) sunt din România?

누가 (어느 교수들께서) 루마니아에서 오셨냐?

Ai cumpărat două bilete. Care este pentru mine?

너는 표 두 장을 구입했다. 어떤 게 (어느 표가) 내 것이니?

Am două cărţi. Pe care (carte) vrei să ţi-o împrumut?

나는 두 권의 책을 갖고 있다. 어떤 책을 네게 빌려주길 원하니?

Pe care (o) iubeşti?

넌 (어느 여자를) 누굴 사랑하니?

La care (restaurant) mâncaţi?
어느 곳에서 (어느 식당에서) 식사를 하십니까
Cu care (prieten) mergi la concert?
어떤 사람과 (어느 친구와) 콘서트에 가니?

B. 관계대명사 care의 주격과 목적격

care (student) a plecat? 누가 떠났느냐? > Nu ştiu care (student) a plecat. 누가(어느 학생이) 떠났는지 나는 모른다.

Pe care (student) l-a invitat? 그는 누굴 초대했느냐? > Vreau să ştiu pe care (student) l-a invitat. 그가 어떤 이(학생)를 초대했는지 알고 싶다.

Invit un prieten care a venit din Coreea. 한국에서 온 한 친구를 초대한다. (=Invit un prieten.+ Prietenul a venit din Coreea.)

Am un vecin pe care îl văd în fiecare zi. 매일 보는 한 이웃을 가지고 있다. (=Am un vecin.+ Pe vecin îl văd în fiecare zi.)

Câine care latră nu muşcă. 짖는 개는 물지 않는다.

Raftul care este sus e liber. 위에 있는 선반은 비어있다. = Raftul de sus e liber.

Vecinul care a locuit aici s-a mutat în alt cartier. 여기에 살던 이웃은 다른 지역으로 이사했다. = Vecinul de aici s-a mutat în alt cartier.

C. 의문대명사, 형용사 care의 소유격과 여격

* care가 여격일 때는 소유관사를 취하지 않는다.

Cărui student i-ai dat cartea aceasta? 너는 이 책을 어느 학생에게 주었느냐? (여격) = Căruia (dintre studenţi) i-ai dat cartea aceasta?

Căror studenţi le-ai dat cărţile acestea? 너는 이 책들을 어느 학생들에게 주었느냐? = Cărora (dintre studenţi) le-ai dat cărţile acestea?

* care가 소유격일 때는 소유관사를 취하는데, 이 소유관사는 목적어(명사)의 성과 수를 따른다.

A cărui student este cartea aceasta? 이 책은 어느 학생의 것이냐? (소유격) = A căruia (dintre studenţi) este cartea aceasta?

Ale căror studenţi sunt cărţile acestea? 이 책들은 어느 학생들의 것이냐? = Ale cărora (dintre studenţi) sunt cărţile acestea?

D. 관계대명사, 형용사 care의 소유격과 여격 :

Vreau să aflu cărui student i-ai dat cartea aceasta. 네가 어느 학생에게 이 책을 주었는지 나는 알고 싶다.(여격) = Vreau să aflu căruia (dintre studenţi) i-ai dat cartea aceasta.

Vreau să aflu a cărui student este cartea aceasta. 이 책이 어느 학생의 것인지 나는 알고 싶다.(소유격) = Vreau să aflu a căruia (dintre studenţi) este cartea aceasta.

* 여격에서는 관계대명사(căruia, căreia, cărora)를, 소유격에서는 '소유관사 + 관계형용사(cărui, cărei, căror)' 형태를 사용하는 것이 보편적이다. 이때 관계대명사, 형용사는 바로 앞의 선행사의 성과 수를 따르며, 소유격의 소유관사는 선행사 소유물의 성과 수에 따른다.

> Prietenul a cărui carte am citit-o este harnic.
>
> 내가 읽었던 책의 소유자인 친구는 부지런하다.

Prietenul căruia i-am trimis scrisoarea, mi-a răspuns imediat. 내가 (친구에게) 편지를 보냈던 그 친구는 바로 내게 답장을 보냈다.(여격) (= Prietenul mi-a răspuns imediat. + Prietenului i-am trimis scrisoarea.)

Am întâinit prietenul căruia i-am împrumutat o carte. 내가 (친구에게) 책을 빌려주었던 그 친구를 만났다.(여격) (= Am întânit prietenul. + Prietenului i-am înprumutat o carte.)

Biblioteca Universitară ale cărei cărţi sunt bune, este renovată recent. (대학도서관의) 좋은 책을 많이 보유한 대학도서관은 최근에 재개장되었다.(소유격) (= Biblioteca Universitară este renovată recent. + Cărţile Bibliotecii Universitare sunt bune)

Am scris prietenului meu al cărui frate e inginer. (친구의) 형이 기술자

인 나의 친구에게 (편지를) 썼다.(소유격) (= Am scris prietenului meu. +
Fratele prietenului e inginer.)

2. 소유관사

* 소유관사는 소유물과 소유자 사이에 위치하여 소유관계를 명확히 해줄 때 사용되며,
  소유물(앞에 있는 명사)의 성과 수를 따른다.

	m	f
sg	al	a
pl	ai	ale

o carte a studentului	학생의 책 한권
o carte a domnului Kim	김 씨의 책 한권
un copil al doamnei Tudose	뚜도세 부인의 한 아이
niște creioane ale mele	내 연필 몇 자루

* 때때로 소유물이 생략되어 '소유관사 + 소유자'가 대명사의 역할을 하기도 한다.

  o carte a mea 내 책 한권 > a mea 내 것

  părinți ai tăi 네 부모님 > ai tăi 네 것(부모님)

  Copilul meu e în cameră, al tău e în grădină. 내 아이는 방 안에 있고, 네
  것(아이)은 정원에 있다.

* 소유물과 소유자 모두 정관사를 가지고 있을 때는 소유관사가 오지 못하지만, 정관사를
  가진 소유물이 형용사나 지시대명사 등의 수식을 받을 때는 소유관사를 사용할 수 있다.

cartea domnului Kim - o carte a domnului Kim	김 씨의 책 한권
cartea unui elev - o carte a unui elev	어느 한 학생의 책 한권
cartea elevului - cartea aceasta a elevului	학생의 이 책
cartea mea - cartea bună a mea	나의 좋은 책

3. 직접화법과 간접화법

직접화법은 당사자(청자와 화자) 간 직접 대화하는 유형이고, 간접화법은 당사자 외 제 3의 인물이 당사자 간의 대화를 타인에게 옮기는 유형이다.

아래 표에서 보듯이, 화자의 질문을 간접화법으로 옮길 때는 "a întreba (질문하다) + 관계대명사 / 관계부사 / 접속사 + 동사"로, 화자의 대답이나 진술을 간접화법으로 옮길 때는 "a răspunde (대답하다), a spune (말하다), a zice (말하다) + 접속사 că + 동사"의 어순을 따르는 것이 대표적이다.

화자의 질문(직접화법)을 간접화법으로 옮길 때		
a întreba +	cine, ce , câţi / câte, când, de când, unde, de unde, cum, de ce, dacă	+ 동사
화자의 대답이나 진술(직접화법)을 간접화법으로 옮길 때		
a răspunde a spune a zice	+ că	+ 동사

예문

직접화법 〉 간접화법	
Maria : Eşti liber acum? 마리아 : 너 지금 한가하니?	Maria întreabă dacă este liber Sorin acum. 마리아는 지금 소린이 한가한지 묻는다.
Sorin : Sunt ocupat de temă. 소린 : 숙제 때문에 바빠.	Sorin răspunde că este ocupat de temă. 소린은 숙제 때문에 바쁘다고 대답한다.
Maria : Ce program ai mâine? Eu şi Gabriel vrem să trecem pe la tine. 마리아 : 내일은 무슨 일 있니? 나는 가브리엘과 함께 너희 집에 들르려고 하는데.	Maria întreabă ce program are Sorin mâine şi spune că ea şi Gabriel vor să treacă pe la Sorin. 마리아는 내일 소린이 무슨 일이 있는지 묻고, 그녀와 가브리엘이 소린의 집에 들르기 원한다고 말한다.
Sorin : Mâine plec la ţară. Veniţi sâmbătă! 소린 : 내일 나는 시골에 가는데. 토요일에 오렴!	Sorin răspunde că mâine pleacă la ţară şi spune ca ei să vină sâmbătă. 소린은 내일 시골에 간다고 대답하고, 그녀들로 하여금 토요일에 오라고 말한다.

＊ 간접화법에서 dacă (만약 ～ 한다면, ～인지 아닌지)는 의문사 없는 의문문에 사용한다.

＊ 직접화법의 동사는 대부분 1인칭 또는 2인칭이 주류이지만, 간접화법에서는 동사의 인칭이 변함으로 주의가 필요하다. 당사자들의 대화나 행위를 지켜보는 구연자의 관점에서 봐야 한다.

> sunt > este, vrem > vor, să trecem > să treacă, plec > pleacă

＊ ca – să ... 구문 (–로 하여금 ...하다)

> Am încercat ca ei să înveţe mai uşor limba română.
> 그들이(로 하여금) 루마니아어를 보다 쉽게 배울 수 있도록 나는 노력하였다.

3 단계

표 현 따 라 하 기

Desigur! Vă rog, aşteptaţi un moment!
데시구르　버　록　아슈뗍따찌 운　모멘뜨
물론이죠! 부탁드리는데 잠깐 기다려주세요!

Aţi greşit numărul.　　　　잘못 거셨습니다
아찌 그레쉬뜨 누머룰

Când poţi sa mă suni?　　　너는 언제 내게 전화해줄 수 있니?
끈드 뽀찌　서　머　수니

Sună-mă mâine!　　　　　내일 내게 전화해!
수너-머　므이네

Cine e la telefon?　　　　전화 거신 분은 누구십니까?
치네 예 라　뗄레폰

Cu cine vrea să vorbească Vlad?
꾸　치네 브레아 서　보르베아스꺼 블라드
블라드는 누구와 함께 얘길 하기 원하냐?

Pot să dau un telefon din oraş. 시내에서 전화 한 통 할 수 있습니다.
뽀뜨 서 다우 운 뗄레폰 딘 오라슈

루마니아어로 말하기

회화 1

• Alo? Bună seara! Monica la telefon. Doresc să vorbesc cu Marius.
알로 부너 세아라 모니까 라 뗄레폰 도레스끄 서 보르베스끄 꾸 마리우스
여보세요? 안녕하세요! 저는 모니까입니다. 마리우스와 통화하고 싶습니다.

• Nu-i acasă. Reveniţi mai târziu.
누-이 아까서 레베니찌 마이 뜨르지우
집에 없어요. 나중에 다시 전화주세요.

회화 2

• Care e numărul dumneavoastră de telefon?
까레 예 누머룰 둠네아보아스뜨러 데 뗄레폰
당신 전화번호는 몇 번 입니까?

• Numărul meu de telefon este prefix 021 şi apoi 262408.
누머룰 메우 데 뗄레폰 예스떼 쁘레픽스 제로 도이 우누 쉬 아뽀이 도이 샤세
도이 빠뜨루 제로 옵뜨
내 전화번호는 021-262406입니다.

회화 3

• Lipseşte momentan. Vreţi să-i lăsaţi un mesaj?
립세슈떼 모멘딴 브레찌 서-이 러사찌 운 메사즈
지금 부재중인데요. 그에게 메모 남겨두시길 원하십니까?

• Nu, mulţumesc. Vă sun din nou mai târziu.
누 물쭈메스끄 버 순 딘 노우 마이 뜨르지우
고맙습니다만 괜찮아요. 나중에 다시 전화하겠습니다.

함께 연습하기

1. 알맞은 소유관사를 적으세요.

un prieten (　) domnului Popescu, o carte (　) unei studente
niște prietene (　) doamnei Sava, niște ochelari (　) noștri

2. 괄호 안에 알맞은 의문대명사 / 형용사 care를 쓰세요.

Pe (의문대명사 목적격) vrei să-l inviți?
(의문대명사 주격) e din Coreea?
(의문형용사 여격) student i-ai dat revista?
(의문대명사 여격) i-ai dat revista?
(의문형용사 소유격) fete e camera aceasta?

3. 괄호 안에 알맞은 관계대명사 / 형용사 care를 쓰세요.

Am întâlnit un prieten (관계대명사) a venit din România.
Vă întreb pe (관계대명사) îl invitați.
Am vorbit cu o colegă (관계대명사 여격) i-am dat cartea mea.
Am știut (관계형용사 여격) student i-ai dat banii.
Am întâlnit un prieten (관계대명사 소유격) surori sunt studente.

4. 아래 주어진 직접화법을 간접화법으로 바꾸세요.

Ion : Unde mergi acum? >
Sorin : Merg la cinematograf. >
Ion : Cu cine mergi? >
Sorin : Merg cu Radu. >
Ion : Ai un bilet în plus? >
Sorin : N-am. >

5. 다음을 루마니아어로 옮기세요.

1) Stănescu 씨와 통화할 수 있습니까?
2) 전화 건 사람은 (나는) 홍길동입니다.
3) 불행하게도 나는 지금 시간이 없다.
4) 전화 거신 분은 누구시죠?
5) 이 전화는 (고장으로) 더 이상 쓸 수 없습니다.

6단계

문화의 이해

인민궁전(현 국회의사당)과 '첸뜨루 치빅(Centru Civic)'

대학광장 사거리에서 남쪽으로 지하철 한 정거장을 내려오면 우니리 백화점 (Magazinul Unirii)에 이른다. 이 우니리 백화점 사거리에서 동서로 시원한 분수대가 대로를 따라 펼쳐지는데 이 거리를 '시민의 중심', 즉 '첸뜨루 치빅'이라 부른다. 곧게 뻗은 대로와 가로수 그리고 아름답게 꾸며진 아파트와 상점들이 나란히 줄지어 서있는 이 거리의 서쪽 끝에 우뚝 솟은 정방형의 건물이 보이기 시작한다. 바로 이 건물이 루마니아에서 가장 유명한 건물이자 오늘날 국회의사당과 국제회의장으로 사용되고 있는 구(舊) 인민궁전(Casa Poporului)이다.

단일 건물로는 미국의 펜타곤에 버금가는 세계 최대 규모의 건물로 과거 체아우셰스꾸 공산 독재시절에 이룩된 유산이다. 아직까지 마지막 마무리가 되지 않은 미완의 건물로 1989년 혁명과 더불어 공사가 중지되었다가 이후 재개된 바 있다. 지난 1984년 착공된 이 건물은 높이 84미터, 길이 280미터, 폭 240미터로 총 면적 265Km^{2}를 차지하고 있으며, 각층의 실내는 화려함의 극치를 보여주고 있다. 내부 관광은 예약을 통해 허용되지만, 일반인에게 공개된 공간은 전체 규모로 볼 때 매우 제한적이다.

오른쪽 측문을 통해 입장 한 후 긴 도로를 따라 현관에 도착하면, 입구에서 예약확인은 물론 금속탐지기로 엄격한 통제를 한다. 통상 소수 그룹 단위로 안내자의 안내에 따라 내부를 관람하는데, 그 놀라움의 시작은 규모뿐만 아니라 화려한 내부 장식에도 있다. 과거 체아우셰스꾸 독재정권이 아니면 불가능한 몇 개의 소품들을 접하게 되는데, 첫 번째 홀에 입장하면 양탄자 제조기 3대를 이용하여 하나의 이음세도 없이 만든 정방형의 거대한 양탄자가 눈에 들어오며, 2층 발코니로 나가면 전방 시야에 탁 트인 '첸뜨루 치빅' 거리가 한 눈에 들어온다.

　인민궁전 건설 시 체아우셰스꾸는 암살을 두려워한 나머지 인민궁전과 가까운 주변 건물과의 거리를 최소 유효 사거리를 벗어나게 지었다고 하는데, 믿거나 말거나 사실 가장 가까운 건물과의 직선거리는 최소 150미터 이상을 유지하고 있다. 또한 체아우셰스꾸는 인민 궁전의 발코니에 서서 광장에 모인 동원 군중과 당 간부들이 사는 '첸뜨루 치빅' 거리를 내려다보며, 나폴레옹처럼 황제가 되기를 꿈꾸었다고 한다. 심지어 그는 이곳이 프랑스 파리의 샹젤리제 거리처럼 그리고 파리의 센느 강처럼 유람선을 띄우기 위해 수많은 사람들을 희생시켜가며 수도 부꾸레슈띠를 관통하는 인공수로 '듬보비짜' 강을 만들기도 했다. 인민궁전 옆으로 흐르는 이 인공수로 듬보비짜 강에서 부인 엘레나와 함께 유람선을 띄워 유흥을 즐기려 했지만, 혁명 후 체포된 체아우셰스꾸 내외는 1989년 12월 25일 성탄절 저녁, 군사법정에 의해 총살을 당하고 만다.

La gară

기차역에서

La ghişeu
라 기셰우

Vânzătoare : Bună ziua! Ce doriţi?
부너 지우아 체 도리찌

Student : Bună ziua! Un bilet Sinaia-Bucureşti, vă rog.
부너 지우아 운 빌레뜨 시나이아-부꾸레슈띠 버 록

Vânzătoare : La ce tren?
라 체 뜨렌

Student : Rapidul 314.
라삐둘 뜨레이수떼 빠이스쁘레제체

Vânzătoare : La ce clasă doriţi?
라 체 끌라서 도리찌

Student : Cât costă un bilet la clasa I(întâi) şi unul la cea de-a doua?
끄뜨 꼬스떠 운 빌레뜨 라 끌라사 은뜨이 쉬 우눌 라 체아 데 아 도우아

Vânzătoare : Un bilet la clasa I e 150(o sută cincizeci) de lei şi unul la
운 빌레뜨 라 끌라사 은뜨이 예 오 수떠 친치제치 데 레이 쉬 우눌 라

clasa II(a doua) e 80(optzeci) de lei. Bineînţeles că cel la
끌라사 아 도우아 예 옵뜨제치 데 레이 비네은쨀레스 꺼 첼 라

clasa I e mai scump decât cel la clasa II.
끌라사 은뜨이 예 마이 스꿈쁘 데끄뜨 첼 라 끌라사 아 도우아

Student : Atunci vă rog să-mi daţi un bilet la clasa II(a doua).
아뚠치 버 록 서-미 다찌 운 빌레뜨 라 끌라사 아 도우아

Poftiţi 100(o sută) de lei.
뽀프띠찌 오 수떠 데 레이

Vânzătoare : Poftiţi biletul şi restul.
뽀프띠찌 빌레뚤 쉬 레스뚤

Pe peron
뻬 뻬론

Student : Sărut mâna, fiţi amabilă! De la ce linie pleacă trenul Rapid
서룻 므나 피찌 아마빌러 델 라 체 리니에 뿔레아꺼 뜨레눌 라삐드

314?
뜨레이수떼 빠이스쁘레제체

Impiegată : Rapidul 314 pleacă de la linia 9 după o jumătate de oră.
라삐둘 뜨레이수떼 빠이스쁘레제체 뿔레아꺼 델 라 리니아 노우어 두뻐 오 주머따떼 데
오러

Student : Mulţumesc pentru informaţie.
물쭈메스끄 뺀뜨루 인포르마찌에

Impiegată : Vă place să călătoriţi cu trenul?
버 뿔라체 서 껄러또리찌 꾸 뜨레눌

Student : Da, îmi place foarte mult. În fiecare vacanţă, mă duc la ţară cu
다 으미 뿔라체 포아르떼 물뜨 은 피에까레 바깐쩌 머 둑 라 짜러 꾸

trenul.
뜨레눌

Impiegată : Drum bun!
드룸 분

Student : Mulţumesc!
물쭈메스끄

Impiegata : Cu plăcere.
꾸 뿔러체레

매표창구에서

매표원 : 안녕하세요! 뭘 원하십니까?
학생 : 안녕하세요! 시나이아 – 부꾸레슈띠 표 한 장 부탁합니다.
매표원 : 몇 번 기차죠?
학생 : 라삐드, 314호 입니다.
매표원 : 몇 등석을 원하세요?
학생 : 일등석과 이등석은 얼마 입니까?
매표원 : 일등석은 150레이이고, 이등석은 80레이입니다. 물론, 일등석이 이등석보다 비싸
죠.
학생 : 그러면, 이등석으로 표 한 장 주세요. 여기 100레이 있습니다.
매표원 : 여기 표와 잔돈이 있어요.

플랫폼에서

학생 : 안녕하세요, 부탁드립니다! 몇 번 선로에서 라삐드 314호 기차가 출발하나요?
역무원 : 라삐드 314호는 9번 선로에서 30분 후에 출발합니다.
학생 : 알려주셔서 고맙습니다.
역무원 : 기차로 여행하는 것을 좋아하나 봐요?
학생 : 예, 아주 많이 좋아해요. 매 휴가마다 기차를 타고 시골에 가죠.
역무원 : 여행 잘 하세요!
학생 : 고맙습니다!
역무원 : 천만에요.

단어와 숙어 익히기

• ghişeu (ghişee)	n. 창구
• Rapid	기차의 한 종류
• rapid, rapidă, rapizi, rapide	빠른
• clasă (clase)	f. 등급, 학급
• leu (lei)	m. 화폐단위, 수사자
• bineînţeles	av. 물론, 당연히
• scump, scumpă, scumpi, scumpe	
	비싼
• decât	av. −보다(비교급)
• atunci	그때, 그 당시
• poftiţi = poftim	부탁합니다, 다시 한 번 말씀해주세요, 미안합니다, 자 여기에
• rest (resturi)	n. 나머지, 잔돈
• peron (peroane)	n. 플랫폼, 선로
• săruta (sărut)	키스하다(Sărut mâna! '손등에 입을 맞춘다'는 여성에 대한 존중의 표현)
• fiţi	a fi 동사의 2인칭 복수 명령형
• Fiţi amabilă!	부탁드립니다!(뭔가를 묻거나 부탁을 할 때)
• amabil, ambilă, amabili, amabile	
	친절한
• linie (linii)	f. 선, 라인, 노선, 자
• informaţie (informaţii)	f. 정보
• Vă place	당신은 −을 좋아하다(3격 지배동사 a plăcea)
• a călători (călătoresc)	여행하다

- vacanță (vacanțe)   f. 휴가, 방학
- mă duc   나는 간다(a se duce 1인칭 단수)
- Drum bun!   여행 잘 하세요!(길을 떠나는 이에게)
- drum (drumuri)   n. 길, 여정
- Cu plăcere!   천만에요!(Mulțumesc에 대한 답례)
- plăcere   기쁨, 즐거움, 좋아함

2단계

문법 따라잡기

1. 비교급

A. 우등비교

> mai + 형용사(부사) + decât(ca)

* 형용사는 명사의 성과 수의 지배를 받는다.

El este mai deștept decât colegii lui.   그는 그의 동료들보다 똑똑하다.

Aici e mai cald decât acolo.   여기는 저기 보다 더 덥다.

B. 열등비교

> mai puțin + 형용사(부사) + decât(ca)

Această carte este mai puțin dificilă decât acea carte. 이 책은 저 책보다 덜 어렵다.

Casa lui este mai puțin frumoasă decât casa ei. 그의 집은 그녀의 집도다 덜 아름답다. (이때 casa ei의 반복되는 casa는 소유관사 a로 대체할 수 있다. casa ei > a ei)

C. 동등비교

tot atât de tot aşa de la fel de	+ 형용사(부사)	+ ca

Casa voastră este tot aşa de mare ca a noastră. 너희 집은 우리 집만큼 크다.

El este la fel de înalt ca mine. 그는 나만큼 (키가) 크다. (decât, ca 다음에 인칭대명사 목적격이 올 때는 강세형이 온다.)

* inferior(열등한), superior(우등한)와 같이 원래부터 비교급이나 최상급 의미를 가진 형용사나 unic(유일한), perfect(완벽한) 등과 같이 의미상 비교의 대상이 될 수 없는 형용사는 비교급을 가지지 못한다.

2. 최상급

A. 우등최상급

cel(m.sg), cea(f.sg) cei(m.pl), cele(f.pl)	+ mai + 형용사 +	dintre + 복수명사 din + 단수명사

* 최상급은 비교급 형태에 지시관사(cel. cea, cei, cele)를 붙여 만든다.

El este cel mai deştept dintre noi. 그는 우리들 중 가장 똑똑하다.

Seul este cel mai frumos oraş din lume. = Seul este oraşul cel mai frumos din lume. 서울은 세계에서 가장 아름다운 도시이다. (이때 명사 oraş는 최상급 형태 앞이나 뒤에 모두 위치할 수 있지만, 최상급 형태 앞에 명사가 올 때는 필히 정관사를 취해야 한다.)

B. 열등최상급

cel(m.sg), cea(f.sg) cei(m.pl), cele(f.pl)	+ mai puţin + 형용사 +	dintre + 복수명사 din + 단수명사

El este cel mai puţin harnic dintre noi. 그는 우리들 중 가장 덜 부지런하다. (가장 게으르다)

C. 부사의 최상급

cel	+ mai (우등) + 부사 + + mai puțin (열등) + 부사	dintre + 복수명사 din + 단수명사

* 부사의 최상급에는 성과 수에 관계없이 남성단수 지시관사 cel만 사용되고, 부사는 변하지 않는다.

  El aleargă cel mai repede dintre noi.　　　그는 우리들 중 가장 빨리 달린다.

* 우등이나 열등 같은 상대최상급 외에도 절대최상급이 존재하는데, 이는 비교대상 없이 한 대상의 최고정도를 나타낸다. 일반적으로 부사 foarte, prea 등과 형용사로 구성된다.

  Lucrarea lui este foarte interesantă.　그의 작업(일)은 매우 흥미롭다.

3. 3격 지배 동사

3격 지배동사는 형태상 문장 내에 인칭대명사 여격(3격)을 취하는 동사를 말한다. a plăcea, a părea 등은 인칭대명사 3격만을 취하는 동사로 편의상 a–i plăcea, a–i părea로 표기한다. 그 외 a fi, a veni 등 일반동사 역시 3격을 취할 수 있는데, 대표적인 동사의 유형 예시는 아래와 같다.

* 주의할 점은 동사 뒤에 오는 명사가 동사 행위의 주체임으로 동사는 늘 3인칭(단수 또는 복수) 형태를 취하여야 한다.

A. a fi (−이다)

인칭대명사 여격 비강세형 + a fi (3인칭) +	foame, sete, somn, frig, cald, bine, rău	
	greu, uşor, lene	+ să 접속법
	frică, teamă, dor, poftă, ruşine	+ de + (대)명사 목적격
		+ să + 접속법

Mi−e foame. 나는 배가 고프다.

I−a fost rău ieri. 그는 어제 (몸, 상태가) 안 좋았다.

Mi−e greu să fac tema. 나는 숙제하는 게 어렵다.

Nu i−a fost uşor să scape de ea. 그는 그녀로부터 벗어나는 것이 쉽지 않았다.

Mi-e dor de tine. 나는 네가 그립다.

Le e frică să urce în avion. 그들은 비행기 타는 것을 두려워한다.

B. a plăcea(-을(를) 좋아하다)

인칭대명사 여격 비강세형	+ a plăcea 3인칭 단수 / 복수	+ 명사 단수 / 복수
	+ a plăcea 3인칭 단수	+ să 접속법

* 뒤에 오는 명사가 복수이면, 동사 a plăcea도 3인칭 복수형태를 사용해야 한다.

　Îmi place filmul. 나는 영화를 좋아한다.

　Ţi-au plăcut mâncărurile româneşti? 너는 루마니아 음식들이 좋았니?

　Vă place să ascultaţi muzica românească? 당신은 루마니아 음악 듣기를 좋아하십니까?

C. a trebui(-해야만 한다 > 필요로 하다)

인칭대명사 여격 비강세형	+ a trebui 3인칭 단수/복수	+ 명사 단수/복수

* 뒤에 오는 명사가 복수이면, 동사 a trebui도 3인칭 복수형태를 사용해야 한다.

　Îmi trebuie ajutor.　　　　　　　나는 도움이 필요하다.

　I-au trebuit bani.　　　　　　　그에게는 돈(들)이 필요했다.

* a trebui 동사는 대부분 인칭에 관계없이 'trebuie să 접속법' 형태를 사용하는 것이 보편적이다.

　Trebuie să plec acum.　　　　　　나는 지금 출발해야만 한다.

D. a părea(-인 것 같다)

인칭대명사 여격 비강세형	+a părea 3인칭 단수	+ bine, rău	+ că ...

　Îmi pare bine că a venit. 그가 온 것이 나에게는 좋다. (기쁘다)

　Îmi pare rău că n-a venit. 그가 오지 않은 것이 나에게는 나쁘다. (유감스럽다)

　I-a părut rău că ea n-a venit. 그녀가 오지 않은 것이 그에게는 유감스러웠다.

E. a veni(어울리다, 잘 맞다), a sta(있다 > 어울리다, 잘 맞다)

인칭대명사 여격 비강세형	a veni 3인칭 단수/복수	+ bine + 명사 단수/복수
	a sta 3인칭 단수/복수	
	a sta 3인칭 단수	+ bine + cu + 명사

* 뒤에 오는 명사가 복수이면, 동사도 3인칭 복수형태를 사용해야 한다. 단, 전치사 cu 다음에 오는 명사는 단수, 복수 상관없다.

Îţi vine (=stă) bine sacoul. 네게는 콤비상의가 잘 어울린다. (맞는다)

Nu-i vin (=stau) bine pantalonii aceştia. 그에게는 이 바지가 잘 안 어울린다. (안 맞는다)

Îţi stă bine cu sacoul acesta. 네게는 이 콤비상의가 잘 어울린다. (맞는다)

4. 재귀동사 유형

재귀동사는 동사 앞에 재귀대명사를 취하는 동사를 말하며, 이때 일부 재귀동사(vr)는 본동사(타동사 vt, 자동사 vi)와 전혀 다른 뜻을 가지기도 한다. 재귀동사 원형의 표기는 'a se 동사' 또는 'a (se) 동사'로 한다.

	인칭대명사 (목적격)	재귀대명사
1인칭 단수	mă	
2인칭 단수	te	
3인칭 단수	îl, o	se
1인칭 복수	ne	
2인칭 복수	vă	
3인칭 복수	îi, le	se

* 재귀대명사는 상단의 표에서 보듯이 3인칭을 제외한 인칭대명사 목적격 비강세형과 동일하다.

* 일반적으로 재귀동사는 비인칭 행위, 수동, 자연적인 변화, 상호 관계 등의 의미에 사용된다.

예문

Uşa se deschide. 문이 열린다. (바람 등에 의해 저절로)

Se face noapte. 밤이 된다.

Ea se gândeşte des la tine. 그녀는 종종 네 생각을 한다.

Ne întâlnim în fiecare zi. 우리는 매일 만난다.

* 일반 타동사의 대표적인 재귀동사 활용 유형은 아래와 같다. (타동사 / 재귀동사)

  1) a (se) aşeza : 앉히다, 놓다 / 앉다, 자리 잡다

     Aşez hârtiile pe birou. 책상 위에 종이를 놓는다.

     Se aşază pe iarbă. 그는 잔디 위에 앉는다.

  2) a (se) întoarce (방향 등을) 돌리다 / 돌아오다

     El întoarce maşina. 그는 자동차를 돌린다.

     Se întoarce acasă. 그는 집에 돌아온다.

  3) a (se) opri 멈추어 세우다, 정지시키다 / 멈추다, 정지하다

     Opreşte autobuzul. 그는 버스를 멈춰 세운다.

     Autobuzul nu se opreşte la această staţie. 버스는 이 정류장에 정차하지 않는다.

  4) a (se) îmbrăca 옷을 입히다 / 옷을 입다

     Ea îmbracă copilul. 그녀는 아이에게 옷을 입힌다.

     Ea se îmbracă cu paltonul. 그녀는 외투를 입는다.

  5) a (se) spăla 씻어주다, 헹구다 / 씻다

     Ea spală copilul. 그녀는 아이를 씻긴다.

     El se spală cu săpun. 그는 비누로 씻는다.

  6) a (se) culca 재우다 / 자다

     Mama culcă copilul. 엄마는 아이를 재운다.

     Mama se culcă în camera ei. 엄마는 그녀의 방에서 잔다.

  7) a (se) scula 깨우다 / 깨다

     Mama scoală copilul la ora 9. 엄마는 아이를 9시에 깨운다.

     Mama se scoală devreme. 엄마는 일찍 일어난다.

* 일반 동사와 재귀동사의 의미가 완전히 다른 경우의 사례이다. (타동사 / 재귀동사)

  1) a (se) uita 잊다, 망각하다 / 보다

     A uitat să aducă cartea. 그는 책을 가져오는 것을 잊었다.

Ea se uită în oglindă. 그녀는 거울을 본다.

2) a (se) duce 가져가다 / 가다, 오다

A dus valiza în loc de servietă. 그는 서류가방 대신에 여행가방을 가져왔다.

S-a dus la teatru. 그는 극장에 갔다.

3) a (se) simţi 감지하다, 느끼다 / 자각하다, 느끼다, 생각하다

A simţit mirosul ars. 그는 그을린 냄새를 맡았다.

Azi se simte bine. 오늘 그는 컨디션이 좋다.

Ieri nu s-a simţit bine. 어제 그는 별로 (몸이) 안 좋았다.

4) a (se) juca 놀이하다, 플레이하다, 연기하다 / 놀다

A jucat o partidă de şah cu tatăl lui. 그는 그의 아버지와 장기 놀이를 하였다.

Copiii se joacă bine în parcul de distracţie. 아이들은 놀이공원에서 잘 논다.

* 타동사도 존재하나 재귀동사가 보편적으로 사용되는 대표적인 재귀동사 유형이다.

1) a se odihni 쉬다, 휴식하다

Vara se odihneşte la mare. 여름에 그는 바다에서 쉰다.

2) a se gândi 생각하다, 염두에 두다, 사려하다

Se gândeşte mereu la voi. 그는 항상 너희를 생각한다.

3) a se bucura 기쁘다

Mă bucur să-l cunosc. 그를 알게 되어 나는 기쁘다

4) a se distra 즐기다, 재미있게 놀다

Ieri s-a distrat foarte bine. 그는 어제 매우 재미있게 놀았다.

표현 따라하기 

Unde este Gara de Nord?
운데 예스떼 가라 데 노르드
북역은 어디에 있습니까? (북역은 우리의 서울역에 해당)

La ce oră pleacă trenul de Iaşi?
라 체 오러 쁠레아꺼 뜨레눌 데 이야쉬
이야쉬 행 기차는 몇 시에 떠납니까?

La ce linie vine trenul de Cluj?
라 체 리니에 비네 뜨레눌 데 끌루즈
끌루즈에서 오는 기차는 어느 플랫폼(선로)으로 들어옵니까?

La ce oră ajunge trenul în Oradea?
라 체 오러 아준제 뜨레눌 은 오라데아
기차는 몇 시에 오라데아에 도착합니까?

Călătorii care merg la Constanţa trebuie să schimbe trenul aici.
껄러또리 까레 메르그 라 꼰스딴짜 뜨레부이에 서 스낌베 뜨레눌 아이치
꼰스딴짜로 가는 승객들은 여기서 기차를 갈아타야 합니다.

Vagonul de clasa I(întâi) are compartimente în care sunt şase locuri
바고눌 데 끌라사 은뜨이 아레 꼼빠르띠멘떼 은 까레 순뜨 샤세 록꾸리
bune.
부네
일등석 객차에는 여섯 개의 좋은 좌석을 가진 객실들이 있다.

Cât timp stă trenul în această gară?
끄뜨 띰쁘 스떠 뜨레눌 은 아체아스떠 가러
기차는 이 역에서 얼마나 정차합니까?

루마니아어로 말하기

회화 1

- Unde este biroul de informaţii?
  운데 예스떼 비로울 데 인포르마찌

  안내소는 어디에 있습니까?

- Este lângă ghişeu (= casa de bilete).
  예스떼 른거 기셰우 (까사 데 빌레떼)

  매표소 옆에 있습니다.

회화 2

- Este liber locul acesta?
  예스떼 리베르 록꿀 아체스따

  이 좌석은 비어있습니까?

- Îmi pare rău, dar este ocupat.
  으미 빠레 러우 다르 예스떼 오꾸빠뜨

  유감스럽게도 빈 좌석이 아닙니다.

회화 3

- Acest tren are vagon-restaurant?
  아체스뜨 뜨렌 아레 바곤 레스따우란뜨

  이 기차에는 식당칸이 있습니까?

- Sigur că da. Acest tren are nu numai vagon-restaurant ci şi vagon
  시구르 꺼 다 아체스뜨 뜨렌 아레 누 누마이 바곤 레스따우란뜨 치 쉬 바곤

  de dormit.
  데 도르미뜨

  당연하죠. 이 기차에는 식당칸은 물론 침대칸도 있습니다. (nu numai A, ci şi B : A뿐만 아니라 B도)

함께 연습하기

1. 주어진 문장의 비교급을 완성하세요.

Ea este la fel de tânără (　　) Ana.

Camera aceasta este mai mare (　　) a lui.

Vara trecută a fost mai puțin cald (　　) vara aceasta.

Mâncarea românească e tot atât de gustoasă (　　) cea coreeană.

2. 괄호 안에 알맞은 인칭대명사 3격(여격)을 쓰세요.

(　　)-e foame. 나는 배가 고프다.

(　　) pare rău că plouă. 비가 오는 것이 네게는 유감이다.

(　　) place să conduceți mașina? 당신(존칭)은 자동차 드라이브하는 것을 좋아
합니까?

(　　) stă bine cu ochelari. 그에게는 안경이 잘 어울린다.

3. 괄호 안에 인칭에 맞는 재귀동사를 쓰세요.

Ea (a se trezi) la ora 8.　Noi (a se spăla) pe mâini.

Eu (a se bucura) că putem pleca împreună la mare.

Tu (a se duce) la București.　De ce el (a se uita) pe fereastră?

4. 괄호 안에 알맞은 최상급을 쓰세요.

Radu este (가장 좋은) din clasă.　Timbrul (가장 오래된) este din 1920.

Ea este (가장 아름다운) fată din satul ei.

Aceasta este (가장 높은) clădire din oraș.

5. 다음을 루마니아어로 옮기세요.

1) 이 기차는 Predeal에서 정차합니까?

2) Constanța 까지 가는 왕복 기차표 한 장 값은 얼마입니까?

3) Ana는 Silvia 만큼 아름답다.(동등비교)

4) 어제는 오늘보다 덜 더웠다.

5) 나는 영화들을 보는 것을 좋아한다.

문화의 이해

루마니아 와인 그리고 전통주 '쭈이꺼(Țuică)'

달콤한 향과 특이한 맛을 지닌 와인을 처음 만든 사람으로 불문의 여지없이 우리는 바쿠스(디오니소스)신을 꼽을 수 있을 것이다. 포도를 갈아마시던 거리의 걸인이었던 바쿠스는 며칠이 지난 포도즙을 우연히 마시게 되었고, 이 즙은 오늘날의 포도주가 되었다. 이후 로마인들에 의해 이 포도주는 찬미되었으며, 그들의 피정복지역에 포도재배를 적극 장려하여 이것이 오늘날 유럽의 포도주 생산의 기반이 되었다. 루마니아에 언제 포도주가 전래되었는지는 몰라도, 루마니아인들의 선조인 다치아인들은 이미 그들의 고유한 방식으로 포도주를 음미했음이 역사문헌을 통해 확인되고 있다. 루마니아에는 이러한 역사와 전통을 지닌 포도주 외에도 쭈이꺼라는 전통 과실증류주가 유명하다.

루마니아의 각 가정에서 상비약처럼 저장해오며 마시는 대중주의 하나인 쭈이꺼는 통상 자두를 원료로 하는데, 지방에 따라 배, 살구, 사과 등을 원료로 사용하기도 한다. 가을에 자두 등을 큰 그릇에 담은 후 설탕을 함께 넣고 삭을 때까지 내버려둔다. 이렇게 일주일이 지난 후 여기에 약 90도 이상의 순수한 알코올을 부은 후 증류하기 시작한다. 증류와 거르는 일을 많이 반복될수록 보다 강한 쭈이꺼를 맛보게 된다. 대부분 지방의 각 가정에서 직접 만들기 때문에 일반 소매점에서는 접하기 힘들었지만 요즘 상품화된 쭈어꺼도 상품 진열대에 오르고 있다.

쭈이꺼와 더불어 유명한 루마니아 포도주는 그 품질과 가격으로 이미 높은 평가를 받고 있다. 양차대전 동안 세계 4위의 포도주 생산국이었던 루마니아는 현재 포도재배면적으로 세계에서 9위, 포도주 생산으로는 세계에서 12위에 위치하고 있다. 흔히, 포도주는 눈과 코 그리고 입으로 마신다고 한다. 먼저 눈으로 포도주의 질을 반영하는 색을 감상하고, 다음 코로 그 향을 음미하며, 마지막으로 입을 통해 그 맛을 느끼는 것이다. 포도주는 색조(적, 백, 홍 : 로제)에 따라, 단맛과 쌉쌀한 맛에 따라, 발포성과 비발포성에 따라, 주정(酒精) 강화에 따라 그리고 식사 코스별에 따라 분류된다. 포도주의 제조는 쭈이꺼와 거의 유사하나, 증류의 과정을 거치지 않고 참나무통에 담아 숙성의 과정을 거치는 것이 다르다.

　루마니아에서 포도주를 마실 때 한 가지 재미있는 전통은 추운 겨울날 우리가 마시는 데운 정종처럼, 루마니아에서도 겨울 추위나 감기 등을 이기기 위해서 적포도주를 뜨겁게 데워 마시기도 한다. 신맛의 적포도주에 기호에 따라 설탕이나 계피가루를 넣어 뜨겁게 한번 끓인 후, 투박한 컵에 따라 마시는 그 맛은 과히 일품이다. 겨울 여행을 가거나 산에 스키를 타러가서 친구들과 어울려 마시는 그 신비한 뜨거운 포도주를 '빈 피에르뜨(vin fiert)'라고 부른다.

O amintire la bunici

할아버지 댁에서의 추억

Una dintre cele mai frumoase amintiri din copilărie este la bunici.
우나 딘뜨레 첼레 마이 프루모아세 아민띠리 딘 꼬삘러리에 예스떼 라 부니치

Când eram elev la şcoala generală, aşteptam vacanţa să plec la bunicii
끈드 예람 엘레브 라 슈꼬알라 제네랄러 아슈뗍땀 바깐짜 서 쁠렉 라 부니치

mei la ţară.
메이 라 짜러

Începând vacanţa, mă grăbeam să fac bagajele şi mă duceam la gară
은체쁜드 바깐짜 머 그러베암 서 팍 바가젤레 쉬 머 두체암 라 가러

împreună cu fratele cel mare
음쁘레우너 꾸 프라뗄레 첼 마레

La plecare, mama mea îmi spunea să fiu cuminte şi ascultător la bunici
라 쁠레까레 마마 메아 으미 스뿌네아 서 피우 꾸민떼 쉬 아스꿀떠또르 라 부니치

urându-mi "Drum bun!"
우른두 미 드룸 분

Când noi ajungeam, bunicii se bucurau foarte mult.
끈드 노이 아준제암 부니치 세 부꾸라우 포아르떼 물뜨

Mi se pare că şi ei ne aşteptau la fel de mult ca noi.
미 세 빠레 꺼 쉬 예이 네 아슈뗍따우 라 펠 데 물뜨 까 노이

Bunicii mei locuiau într-un sat de munte, de pe lângă Predeal, unde
부니치 메이 로꾸이아우 은뜨룬 사뜨 데 문떼 데 뻬 른거 쁘레데알 운데

aveau o mică pensiune pentru turişti.
아베아우 오 미꺼 뺀시우네 뺀뜨루 뚜리슈띠

În grădina lor creşteau multe feluri de pomi fructiferi.
은 그러디나 로르 끄레슈떼아우 물떼 펠루리 데 뽀미 프룩띠페리

De câte ori noi veneam, ne dădeau multe fructe : mere, caise, cireşe,
데 끄떼 오리 노이 베네암 네 더데아우 물떼 프룩떼 메레, 까이세, 치레쉐

nuci şi aşa mai departe.
누치 쉬 아샤 마이 데빠르떼

Atunci stăteam la bunici, mâncam foarte bine şi ne jucam cu plăcere.
아뚠치 스떠떼암 라 부니치 믄깜 포아르떼 비네 쉬 네 주깜 꾸 쁠러체레

Ne simţeam nemaipomenit de bine!
네 심쩨암 네마이뽀메니뜨 데 비네

어린 시절의 추억 중 가장 아름다운 것은 할아버지, 할머니 댁에서이다.
내가 중학교 학생일 때 시골에 계신 할아버지, 할머니 댁에 가고자 방학을 기다리곤 했다.
방학이 시작되자마자 나는 서둘러 가방을 챙겼고 형과 함께 기차역으로 갔다.
떠날 때 어머니는 작별인사를 하시면서 할아버지, 할머니 말씀 잘 듣고 얌전하게 지내야한
다고 말씀하곤 하셨다.
우리가 도착하자 할아버지, 할머니는 매우 기뻐하셨다.
우리만큼 할아버지, 할머니도 우릴 기다리셨는가 보다.
나의 할아버지, 할머니는 쁘레데알 근처 산악지대의 한 마을에 사시며 관광객들을 위한 작
은 펜션 하나를 운영하신다.
할아버지 댁의 정원에는 많은 종류의 과일나무들이 자라고 있었다.
우리가 올 때마다, 우리에게 사과, 살구, 체리, 호두 등등 많은 과일들을 주시곤 하신다.
할아버지, 할머니 댁에 머물때 우린 잘 먹고 즐겁게 잘 논다.
이루 말 할 수 없을 정도로 기분이 좋다!

단어와 숙어 익히기

• eram	있었다 (a fi 동사 1인칭 단수, 복수 불완료과거)
• şcoala (şcoli)	f. 학교 (şcoala generală 중학교)
• general, –ă, –i, –e	일반적인
• aşteptam	기다리곤 하다 (a aştepta 동사 1인칭 단수, 복수 불완료과거)
• vacanţă (vacanţe)	f. 방학, 휴가, 바캉스
• bunic (bunici)	m. 할아버지
• bunică (bunice)	f. 할머니
• grăbeam	서두르곤 하다 (a grăbi 동사 1인칭 단수, 복수 불완료과거)
• bagaj (bagaje)	n. 여행 짐, 가방
• mă duceam	가곤하다 (a se duce 동사 1인칭 단수, 복수 불완료과거)
• plecare	f. 떠남, 출발
• cuminte(sg), cuminţi(pl)	얌전한
• ascultător, ascultătoare, ascultători, ascultătoare,	a. 순종의, 복종의, (m, f) 청취자
• urând	기원하면서 (a ura 동사의 현재분사)
• Drum bun!	(작별인사) 잘 가세요!
• se bucurau	기뻐하다 (a se bucura 동사 3인칭 복수 불완료과거)
• la fel de 형용사 ca …	(동등비교) …와 마찬가지로 ~하다
• locuiau	살다 (a locui 동사 3인칭 복수 불완료과거)
• mic, mică, mici(pl)	작은

• pensiune (pensiuni)	f. 펜션
• turist (turişti)	m. 관광객
• grădină (grădini)	f. 정원
• creşteau	키우다, 자라다 (a(se) creşte 동사 3인칭 복수 불완료과거)
• pom (pomi)	m. 나무
• fructifer, −ă, −i, −e	과실의, 과일의
• fruct (fructe)	n. 과일
• de câte ori	−할 때마다
• dădeau	주곤 하다 (a da 동사 3인칭 복수 불완료과거)
• măr (mere)	n. 사과
• caisă (caise)	f. 살구
• cireaşă (cireşe)	f. 체리
• nucă (nuci)	호두
• şi aşa mai departe	기타 등등
• atunci	그때, 당시 −때
• nemaipomenit	말 할 수 없을 정도로
• stăteam	있곤하다(a sta 동사 1인칭 단수, 복수 불완료 과거)

2 단계

문법 따라잡기

1. 불완료과거 시제(Timpul Imperfect)

불완료과거 시제는 과거 시제의 한 형태로 과거에 시작된 어떤 행위나 행동이 말하는 현 시점에도 완료되지 않고 진행 중인 경우에 사용된다. 말하는 시간 이전에 일어났던 완성되지 못한 지속적 행위나 반복적인 과정을 표시하는데, 옛일이나 이야기 등을 구연할 때도 흔히 사용된다. 불완료과거 시제를 만드는 방법은 동사

어간에 인칭에 따른 불완료과거 시제어미를 붙인다.

A. –a, –î 동사

인칭		a mânca	a hotărî
1	–am	mâncam	hotăram
2	–ai	mâncai	hotărai
3	–a	mânca	hotăra
4	–am	mâncam	hotăram
5	–aţi	mâncaţi	hotăraţi
6	–au	mâncau	hotărau

B. –ea, –e, –i 동사

인칭		a vedea	a merge	a iubi
1	–eam	vedeam	mergeam	iubeam
2	–eai	vedeai	mergeai	iubeai
3	–ea	vedea	mergea	iubea
4	–eam	vedeam	mergeam	iubeam
5	–eaţi	vedeaţi	mergeaţi	iubeaţi
6	–eau	vedeau	mergeau	iubeau

예외 :

a sui > suiam, a şti > ştiam, a locui > locuiam, a construi > construiam, a scrie > scriam

* 반복 행위나 동시 다발의 경우, 주절과 종속절의 시제는 의미상 일치시켜주는 것이 바람직하다. 행위의 계승은 관계부사에 따라 시제를 달리한다.

반복 행위 또는 동시 다발	
Când (Ori) de câte ori + 불완료과거, întotdeauna când	불완료과거
Când + 불완료과거 / 복합과거	불완료과거

Când ea a venit la mine, eu dormeam. 그녀가 내게 왔을 때 나는 자고 있었다.

Când eram student, îmi plăcea să călătoresc în țările europene. 내가 대학생이었을 때 유럽의 국가들을 여행하는 것이 즐거웠었다.

행위의 계승			
(Pe) atunci Înainte	+ 불완료과거,	apoi pe urmă după aceea mai târziu	+ 복합과거
		acum	+ 현재시제

(Pe) atunci țineam minte, mai târziu am uitat. 그땐 기억했는데 그 후엔 잊어버렸다.

Înainte îmi plăcea ciocolata, dar acum nu-mi mai place. 전엔 초콜릿을 좋아했지만 지금은 더 이상 좋아하지 않는다.

* -e 어미동사의 모음전환(a/ă, oa/o) 예시

a bate > băteam, a face > făceam, a rade > rădeam, a sparge > spărgeam, a naşte > năşteam, a trage > trăgeam, a coace > coceam, a coase > coseam, a întoarce > întorceam, a scoate > scoteam, a cunoaşte > cunoşteam

* 불완료과거시제 불규칙 동사

a fi : eram, erai, era, eram, erați, erau

a da : dădeam, dădeai, dădea, dădeam, dădeați, dădeau

a sta : stăteam, stăteai, stătea, stăteam, stăteați, stăteau

* a vrea 동사의 불완료과거 시제는 a voi 동사로 대체한다. (a vrea = a voi > voiam, voiai …)

2. 현재분사(Modul Gerunziu)

현재분사는 동사 변화형의 하나로 말하는 시점에서 연관된 현재 진행 중인 사건이나 행위를 수식하는 서술적 용법이나 분사 구문에 사용된다. 영어의 동명사와 유사하다. 현재분사를 만드는 법은 동사 어간에 현재분사 어미 –ând, –ind를 붙여 완성한다.

동사	–a	–ea	–e	–î	–i	–ia	–ie
현재분사	–ând				–ind	–ind	

예문

a lucra > lucrând, a avea > având, a începe > începând, a coborî > coborând, a citi > citind, a tăia > tăind, a întârzia > întârziind, a scrie > scriind, a da > dând

불규칙 : a fi > fiind, a şti > ştiind

* 현재분사의 부정형은 현재분사 앞에 부정접두어 ne–를 붙이며, mai 등과 같은 부사어가 올 때는 ne와 현재분사 사이에 위치한다.

예문

aşteptând > neaşteptând(기다리지 않으면서), având > neavând(가지지 않으면서), ştiind > nemaiştiind (더 이상 모르면서)

* 동사가 현재분사로 변할 때 부분적인 모음과 자음 변환, 된소리(경음) 등이 일어나기도 한다.

d/z : a cădea > căzând, a deschide > deschizând, a crede > crezând

t/ţ : a permite > permiţând, a trimite > trimiţând

şt/sc : a creşte > crescând

a/ă, 된소리 : a face > făcând, a sparge > spărgând, a trage > trăgând

된소리 : a merge > mergând, a duce > ducând, a trece > trecând

a/ă, d/z : a rade > răzând

a/ă, şt/sc : a naşte > născând

oa/o, 된소리 : a întoarce > întorcând

oa/o, t/ţ : a scoate > scoţând

oa/o, şt/sc : a cunoaşte > cunoscând

i/î, d/z : a vinde > vânzând

e/ă, d/z : a vedea > văzând

* 현재분사는 서술적 용법과 이유, 조건, 시간, 지속 등을 의미하는 분사구문 유형이 대표적이다.

Ea cântă zâmbind. 그녀는 웃으면서 노래한다.

El a lucrat cântând. 그는 노래하면서 일했다.

Mergând spre şcoală, m-am întâlnit cu profesoara. 학교에 오면서 나는 교수님을 만났다.

Văzând o comedie, a râs. 그는 희극(코미디)을 보면서 웃었다.

* 현재분사의 직접, 간접 목적어로 인칭대명사와 재귀대명사는 현재분사 뒤에 위치하며, 어순은 아래 표와 같다. 인칭대명사 3격과 4격이 함께 오는 경우 3격 + 4격 순으로 나열한다.

현재분사	+ 인칭대명사 3격, 4격, 재귀대명사
a vedea a vedea a da	văzându-mă, –te, –l, –i, –le, (–se) văzând-o dându-mi, –ţi, –i, –ne, –vă, –le, (–şi)

현재분사	+ 인칭대명사 3격 + 인칭대명사 4격
dându	–mi–l, –ţi–l, –i–l, –ni–l, –vi–l, –li–l –mi–o, –ţi–o, –i–o, –ne–o, –v–o, –le–o –mi–i, –ţi–i, –i–i, –ni–i, –vi–i, –li–i –mi–le, –ţi–le, –i–le, –ni–le, –vi–le, –li–le

* 인칭대명사 목적격 여성 'o'를 제외한 나머지의 경우 현재분사와 대명사 사이에는 유음을 위해 –u–를 붙인다. 여성 목적격 'o'는 그대로 붙고, 다른 대명사는 모음 –u 다음에 붙는다. (citind > citindu–l, citind > citind–o)

예시 : Văzându-mă 나를 보면서, întâlnind–o 그녀를 만나면서, trimiţându–i 그에게 보내면서, aducându–mi–l 나에게 그것을 가져오면서, dându–i–o 그에게 그것을 주면서, întorcându–se 돌아오면서

Ştiindu–te bolnav, ea ţi-a adus nişte medicamente. 네가 아픈 것을 알고 그녀는 약 몇 가지를 챙겨왔다.

Aducându–mi–l, el a întârziat. 나에게 그것을 가져오다 그는 늦었다.

3. 인칭대명사 3격 비강세형과 4격 비강세형의 연결

　　루마니아어에는 직접목적어가 두 번 사용되는 경우가 많다. 명사나 대명사를 통해서뿐만 아니라 인칭대명사를 통해서도 중복된다. 문장 내에 인칭대명사 3격 (여격) 또는 4격(목적격) 비강세형이 오는 경우, 형태에 따라 연결형과 축약이 이루어진다. 인칭대명사 3격과 4격이 동시에 오는 경우, 〈3격 + 4격의 어순〉으로 구성된다.

A. 현재시제, 불완료과거

　　인칭대명사 3격(여격) 또는 4격(목적격) 비강세형은 모두 동사 앞에 위치한다.

Îmi dă.	그는 내게 준다.
O văd.	나는 그녀를 본다.
Îţi aducea cartea.	그는 너에게 책을 가져오곤 한다.

* 인칭대명사 4격 강세형이 문장 안에 올 때는 필히 4격 비강세형과 함께 와야 한다.

Pe mine mă cheamă Ana.	아나는 나를 부른다.

* 인칭대명사 3격과 4격이 함께 올 때의 연결형은 아래와 같다.

Mi-l, Ţi-l, I-l, Ni-l, Vi-l, Li-l Mi-o, Ţi-o, I-o, Ne-o, V-o, Le-o Mi-i, Ţi-i, I-i, Ni-i, Vi-i, Li-i Mi le, Ţi le, I le, Ni le, Vi le, (Li le)	+ 동사

Îţi aduce ochelarii.	> Ţi-i aduce.	그는 네게 안경을 가져다준다.
Ne trimite revista.	> Ne-o trimite.	그는 우리에게 잡지를 보낸다.
Vă cere biletele.	> Vi le cere.	그는 너희들에게 표(들)을 요구한다.

B. 복합과거 시제

　　인칭대명사 여격과(또는) 목적격이 올 때는 복합과거의 조동사 앞에 위치하며, 연결형을 취한다. 목적격 3인칭 여성단수 o는 유일하게 과거분사 뒤에 위치한다.

| 여격 | mi-a, ţi-a, i-a, ne-a, v-a, le-a | dat |
| 목적격 | m-a, te-a, l-a, ne-a, v-a, i-a / le-a | căutat |

예문

V-au cerut cartea.	그들은 너희들에게 책을 요구했다.
L-am aşteptat de mult.	나는 그를 오랫동안 기다렸다.
Am căutat-o.	나는 그녀를 찾았다.
Nu i-am telefonat.	나는 그(녀)에게 전화하지 않았다.

* 3격과 4격이 함께 오는 경우는 아래와 같이 분리된다.

예문

Mi l-a dat. Mi i-a dat. Mi le-a dat. Mi-a dat-o.

C. 현재분사(본 과의 현재분사 편 참조)

D. să 접속법

인칭대명사 여격, 목적격 비강세형은 접속사 să 와 본동사 사이에 위치한다. 인칭대명사 목적격 비강세형 3인칭 남성 단수(îl), 복수(îi) 그리고 여성 단수(o)의 경우 연결형 축약이 일어나며, 여격 비강세형의 경우 1, 2, 3인칭(îmi, îţi, îi) 단수에서 연결형 축약이 일어난다.

| 여격 | să-mi, să-ţi, să-i, să ne, să vă, să le |
| 목적격 | să mă, să te, să-l / s-o, să ne, să vă, să-i / să le |

예문

Vrem să-l aşteptăm (pe el).	우리는 그를 기다리길 원한다.
Trebuie să-i răspunzi acum.	너는 지금 그들에게 대답해야만 한다.

E. 명령법(명령법에 대해서는 4과 문법 참조)

명령어 다음에 인칭대명사 3격, 4격 비강세형이 오며, 연결형을 취한다. 3격과 4격이 동시에 올 때는 〈3격 + 4격의 어순〉이다.

예문

Dă-mi pixul acesta!	이 볼펜을 나에게 줘!
Citeşte-o mai repede!	그것을 더 빨리 읽어라!
Dă-mi-l acum!	지금 내게 그것을 줘!
Explică-mi-le!	나에게 그것들을 설명해 줘!

3 단계

표현 따라하기

Scuzaţi-mă că v-am făcut să mă aşteptaţi.
스꾸자찌-머 꺼 밤 퍼꾸뜨 서 머 아슈뗍따찌
당신을 기다리게 해서 죄송합니다.

Vă mulţumesc foarte mult pentru invitaţie (vizită)!
버 물쭈메스끄 포아르떼 물뜨 뺀뜨루 인비따찌에 (비지떠)
초대해 (방문해) 주셔서 대단히 감사합니다.

Îmi permiteţi să mă prezint?
으미 뻬르미떼찌 서 머 쁘레진뜨
본인 소개를 하도록 허락해 주시겠습니까?

Sunt foarte bucuros (= Mă bucur mult) să vă revăd.
순뜨 포아르떼 부꾸로스 (머 부꾸르 물뜨) 서 버 레버드
당신을 다시 뵙게 되어 무척 기쁩니다. * a vedea 동사 앞에 반복을 의미하는 접두어 re-를 붙여 a revedea 다시 보다 > revăd.

(Ori) de câte ori mă duceam la ţară, mă întâlneam cu rudele mele.
(오리) 데 끄떼 오리 머 두체암 라 짜러 머 은뜰네암 꾸 루델레 멜레
시골에 갈 때마다 나는 나의 친척들을 만나곤 한다.

Văzând-o tristă, au invitat-o la cofetărie.
버즌도 뜨리스떠 아우 인비따또 라 꼬페떠리에
그녀가 슬픈 것을 본 그들은 그녈 커피숍에 초대했다.

루마니아어로 말하기

회화 1

• Bine aţi venit!
비네 아찌 베니뜨
환영합니다. 어서 오세요! (집주인이 찾아온 손님에게)

• Bine v-am (또는 te-am) găsit!
비네 밤 (떼-암) 거시뜨
반갑습니다! (앞 문장에 대한 손님의 답례)

회화 2

• Poţi veni deseară la mine acasă?
뽀찌 베니 데세아러 라 미네 아까서
오늘 저녁 우리 집에 올 수 있니?

• Da, cu multă plăcere. / Îmi pare rău că nu pot.
다 꾸 물떠 쁠러체레 / 으미 빠레 러우 꺼 누 뽀뜨
그럼, 기꺼이 /유감스럽게도 갈 수 없어.

회화 3

• Unde vă duceţi în vacanţa asta?
운데 버 두체찌 은 바깐짜 아스따
올 휴가엔 어디에 가십니까?

• Am de gând să fac o excursie la munte.
암 데 근드 서 팍 오 엑스꾸르시에 라 문떼
산으로 피크닉을 갈 생각입니다. (a avea de gând să- -할 생각을 가지다)

함께 연습하기

1. 주어진 동사의 불완료과거 시제 1인칭 단수형을 쓰세요.

   a intra, a da, a citi, a lucra, a fi, a sta, a vrea, a vorbi, a întoarce

2. 주어진 동사의 현재분사를 쓰세요.

   a aduce, a fi, a vedea, a cădea, a creşte, a face, a permite, a întoarce

3. 주어진 두 문장을 현재분사를 이용하여 하나의 문장으로 완성하세요.

   A aflat vestea. S-a bucurat. >

   N-am avut timp liber. N-am putut face piaţa. >

   M-am trezit târziu. Am pierdut trenul. >

   Te-am văzut. Când ai ieşit de la cinema. >

4. 괄호 안의 동사를 불완료과거 시제로 바꾸세요.

   (a spune) mereu că vrea să meargă la Sinaia. (그)

   Anul trecut (a locui) în provincie. (나)

   Nu-i prea (a plăcea) muzica.

   Când a venit la noi, (a fi) încă copil.

5. 다음을 루마니아어로 옮기세요.

   1) 그가 젊었을 때 그는 미남이었다. (불완료과거시제)

   2) 그들은 작고 아름다운 집을 가진 어느 마을에서 살았었다. (불완료과거시제)

   3) 매년 그들은 내게 연하장을 보내주곤 한다. (불완료과거시제)

   4) 편지를 읽으며 어머니는 음악을 들었다. (현재분사)

   5) 그는 나를 보며 매우 기뻐했다. (현재분사)

문화의 이해

발라드 〈어린 양〉과 루마니아인의 죽음관

　루마니아 문학 중에서 가장 중요한 작품으로 알려진 것은 알렉산드리(Alecsandri)에 의해 채록되어 소개된 〈어린 양(Miorița)〉이란 발라드이다. 〈어린 양〉은 루마니아 고유의 삶과 철학적 정서가 깊이 아로새겨진 작품으로 우리의 〈아리랑〉에 비유된다.

고원의 기슭 위 / 천국의 입구에서, / 자, 보아라, 길을 돌아 / 골짜기로 내려가는 / 세 무리의 양떼와, / 세 명의 목동을. / 한 명은 몰도바 목동, / 또 한 명은 헝가리 목동 / 그리고 마지막은 브란체아 목동이네. / 헝가리 목동과 / 브란체아 목동이 / 자, 얘기를 나누네. / 서로 상의하네. / 석양이 질 무렵 / 뿔이 나고 잘 생긴 / 많은 양들을 거느린, / 잘 훈련된 말들과 / 용맹한 개들을 가진 / 그리고 더 부유한 / 나의 목동 / 몰도바 목동을 죽이기 위해서. / 하지만 밝은 털을 가진 / 어린 양은, / 삼 일 이래로 / 초조해서 중얼거렸고 / 풀조차 먹지 않았네. / - 검은 코를 가진 / 얼룩무늬의 어린양아, / 삼 일 이래로 / 초조해서 중얼거리고 / 풀조차도 먹지 않니! / 어디 아프니, / 사랑스런 어린양아? / - 사랑스런 주인님, / 양들을 저 편 / 강가의 관목림으로 보내세요, / 우리가 먹을 풀과 / 당신이 쉴 그늘이 있는. / 주인님, 주인님, / 가장 충성스러운 / 가장 용맹한 개를 / 당신에게로 부르세요, / 석양이 질 무렵 / 헝가리 목동과 / 브란체아 목동이 / 당신을 죽이려 해요! / 신비스러운 힘을 가진 / 브르산의 어린 양아, / 강아지풀이 돋아난 들에서 / 내가 죽고자 한다고 / 헝가리 목동과 / 브란체아 목동에게 말하렴. / 항상 너희들과 함께 하기 위해서 / 양이 다니는 좁은 길가에 / 그리고 양 울타리 뒤에서 개가 짖는 소리를 들을 수 있는 / 여기, 이 근처에, / 나를 묻어 달라고. / 그들에게 말하렴, / 그리고 머리맡에 놓아 주렴. / 사랑스러운 소리를 내는 너도밤나무 피리를, / 감미로운 소리를 내는 / 뼈 피리를, / 열정적인 소리를 내는 고목나무 피리를! / 바람이 불 때, / 바람이 피리 구멍 사이로 지나가면 / 양떼들이 내게로 모여들 것이다. / 피눈물을 흘리며 / 나를 위해 울 것이다! / 그리고 너, 이 죽음에 대해서 / 아무에게도 얘기하지 마렴. / 단지 그들에게 분명하게 말하렴. / 세계의 신부, / 사랑스런 왕비에게 / 내가 장가들었다고. / 나의 결혼식에 / 하나의 별이 떨어졌다고. / 해와 달은 / 나의 대부대모요. / 전나무와 단풍나무는 / 내 결혼식의 하객이요, / 큰 산은 사제, / 수천의 새들 / 새들은 악사요 / 그리고 별들은 촛불이었다고! / 양털로 만든 혁대를 찬 채 / 눈물을 흘리며, / 들판을 달리는 / 그리고 우유의 거품 같은 / 얼굴을, / 귀 이삭과 같은 콧수염을, / 까마귀 깃털 같은 / 머리카락을, / 들판의 산딸기 같은 두 눈을 가진, / 반지를 통해 빠져나갈 정도로 날씬한 / 자랑스러운 목동을 / 누가 보았소, / 누가 아시오? / 라고 모든 이들에게 묻고, / 말하는 / 늙은 어머니를 / 만나거나 / 보면, / 너, 나의 어린양아, / 그녀를 동정할 것이다 / 그러면 그녀에게 분명히 말해주렴, / 천국의 입구에서 / 황제의 딸에게 / 내가 장가들었다고. / 하지만 어머니께 / 말씀드리지는 말아라, 어린양아, / 나의 결혼식에 / 하나의 별이 떨어졌다고는. / 내 결혼식의 하객은 / 전나무와 단풍나무, / 큰 산은 사제, / 수천의 새들 / 새들은 악사, / 그리고 별들은 촛불이었다고!

〈어린 양〉은 자연과 인간이 하나가 되는 주제를 산출한 대표적인 구비 운문 발라드이다. 여기에는 죽음을 맞이한 목동이 '세계의 신부'로 표현된 자연과의 결혼을 통하여 우주와 합일된다는 사상이 나타난다. 종교 의식에 입각한 죽음에 대한 이러한 가치는 이미 루마니아의 조상인 게토-다치아 시대로부터 존재해왔다. 트라키아 족속들 중에 가장 용감하고 정의로운 부족이었던 게토-다치아 민족은 죽음을 두려워하지 않았다. 자몰세 신을 믿었던 그들에게 있어서 '죽는다'는 것은 또 다른 삶의 형태로 그 위치를 바꾼다는 것을 의미했다. 즉, 죽음은 또 다른 세계로의 전이 또는 원초적 자연으로의 귀의로 비쳐졌고, 예술에 있어서는 창조를 위해 필수적으로 수반되는 미학적 상징으로 인식되었다. 〈어린 양〉에 나타난 다양한 의식의 흐름은 루마니아인의 정체성을 이해하는데 간과되어서는 안 될 중요한 사안이다. 그 중 루마니아인이 전통적으로 가져왔던 죽음관은 발라드 〈어린 양〉을 이해하는 열쇠이자 동시에 루마니아인의 정신세계에 내재되어 있는 삶과 죽음관을 이해하는 면모가 된다.

Mă doare capul!

머리가 아파요!

Radu : De ieri am febră şi mă doare capul.
데 이에리 암 페브러 쉬 머 도아레 까뿔

Ioana : Văzându-te, mi-am dat seama că nu te simţi foarte bine. Ce s-a întâmplat?
버즌두-떼 미-암 다뜨 세아마 꺼 누 떼 심찌 포아르떼 비네 체 사 은뜸쁠라뜨

Radu : M-am plimbat aseară în parc şi a fost cam frig.
맘 쁠림바뜨 아세아러 은 빠르끄 쉬 아 포스뜨 깜 프리그

Ioana : Mi se pare că ai gripă. Ai consultat un medic?
미 세 빠레 꺼 아이 그리뻐 아이 꼰술따뜨 운 메딕

Radu : Azi dimineaţă am fost la cabinetul unui doctor.
아지 디미네아쩌 암 포스뜨 라 까비네뚤 우누이 독또르

Ioana : Ai primit reţeta şi medicamentele?
아이 쁘리미뜨 레쩨따 쉬 메디까멘뗄레

Radu : Da. Datorită medicamentelor, astăzi mă simt mai bine decât ieri.
다 다또리떠 메디까멘뗄로르 아스떠지 머 심뜨 마이 비네 데끄뜨 이에리

Ioana : Oricum trebuie să nu ieşi din casă şi să urmezi exact tratamentul.
오리꿈 뜨레부이에 서 누 이에쉬 딘 까서 쉬 서 우르메지 에그작뜨 뜨라따멘뚤

Radu : Da, ai dreptate!
다, 아이 드렙따떼

Ioana : Trebuie să ai grijă de tine!
뜨레부이에 서 아이 그리저 데 띠네

라두 : 어제부터 열이 나고 머리가 아파.
이오아나 : 너를 보니 몸이 안 좋다고 느꼈지. 무슨 일 있었니?
라두 : 어제 저녁 공원을 산책했었는데 꽤 추웠어.
이오아나 : 내 생각엔 독감인 것 같은데. 의사와 상담했니?
라두 : 오늘 아침에 한 의원(병원)에 갔었어.
이오아나 : 네 처방전과 약은 받았니?
라두 : 약 덕분에 오늘은 어제보다 더 나아진 것 같아.
이오아나 : 어쨌든 집 밖에 나가지 말고 치료를 정확히 받아.
라두 : 그래, 네가 옳아!
이오아나 : 네 스스로 네 몸을 돌봐야지!

단어와 숙어 익히기

• febră (febre)	f. 열
• doare	아프게 하다(a durea 동사의 3인칭 단수)
• cap (capete)	n. 머리, 절정, 꼭대기, (capi) m. 우두머리, 대장
• a-şi da seama	알다, 알아차리다, 의식하다(3격 재귀동사)
• erai	-이다(a fi 동사 2인칭 단수의 불완료과거)
• cam	대략, 약
• a (se) simţi	느끼다, 자각하다
• a se întâmpla	발생하다, 일어나다, 생기다
• a (se) plimba	산책시키다(산책하다)
• aseară	어제 저녁(에)
• parc (parcuri)	n. 공원
• frig (friguri)	n. 추위, 한기
• Mi se pare …	(나에게는) … 인 것 같다(a-i părea의 재귀동사 형태)
• gripă (gripe)	f. 독감
• consulta (consult)	상담하다, 상의하다
• medic (medici)	m. 의사
• cabinet (cabinete)	n. 사무실, 집무실, 부스, 의원
• a primi (primesc)	받다
• reţetă (reţete)	f. 처방(전)
• medicament (medicamente)	n. 약
• datorită	-덕분에, -때문에
• oricum	av. 어쨌든, 어떻든 상관없이

- urma (urmez) 뒤쫓다, 따르다
- exact, exactă, exacţi, exacte

  a, av. 정확한, 정확히
- tratament (tratamente) n. 치료(법), 처치
- dreptate (dreptăţi) f. 정의, 공정, 옳음(a avea dreptate 옳다)
- grijă (griji) f. 조심, 주의, 걱정(a avea grijă de… …을 돌보다, 걱정하다, 조심하다)

문법 따라잡기

1. 4격 지배동사(타동사)

루마니아어의 타동사 역시 목적어를 취하는 4격 지배동사이다. a întreba (질문하다)와 같이 몇몇 동사들은 우리말의 의미로 볼 때 경우에 따라 여격(-에게)으로 풀이되지만 루마니아어에서는 목적격(-을/를)을 취하는 동사이다.

예문

Te întreb.	나는 네게 질문한다.
Vizitez România.	나는 루마니아를 방문한다. (a vizita의 목적어는 전치사를 취하지 않는다)

* a chema(부르다) 동사가 이름을 지칭할 때는 이름에 해당하는 목적어가 주어가 된다. a chema 동사는 3인칭 단수형 cheamă으로 고정되며, '인칭대명사 목적격 비강세형 (mă, te,…) + cheamă + 인명'의 어순을 취한다.

예문

Mă cheamă Dan Ionescu.	내 이름은 단 이오네스꾸 이다.
Te cheamă Sorin Miron.	네 이름은 소린 미론 이다.

* a durea(아프게 하다), a interesa(흥미롭게 하다, 관심을 갖게 하다) 같은 동사들은 목적어의 위치에 오는 명사들이 주어이며, 이때 명사의 단수, 복수에 따라 동사는 3인칭 단수, 복수형을 취한다.

Mă, Te, Îl, O,...	doare	+ 명사 단수
	dor	+ 명사 복수
	interesează	+ 명사 단수, 복수

예문

Mă doare stomacul.	위가 나를 아프게 한다. (나는 위가 아프다)
Mă dor dinţii.	치아들이 나를 아프게 한다. (이빨들이 아프다)
Mă interesează muzica.	음악이 나를 흥미롭게 하다. (나는 음악에 관심이 있다.)
Nu mă interesează nimic.	아무 것도 나의 관심을 끌지 못한다. (난 아무 것도 관심 없다.)

2. 3격 지배 재귀동사

일반동사가 목적어나 의미에 따라 인칭대명사 3격(여격) 또는 4격(목적격)을 취하는 것처럼, 재귀동사(재귀대명사 목적격 + 동사) 역시 3격(여격) 재귀대명사를 취할 수 있다. 재귀대명사는 인칭대명사의 1, 2인칭과 동일하지만, 3인칭은 다른 형태를 가진다. 여기서는 재귀대명사 여격 비강세형만 소개 한다.

	1인칭	2인칭	3인칭	4인칭	5인칭	6인칭
인칭대명사 여격	îmi	îţi	îi	ne	vă	le
재귀대명사 여격			îşi			îşi

* 4격(목적격) 재귀대명사가 동사의 주어와 일치하는 목적격 인칭대명사를 대신하거나 비인칭 행위, 수동적 상황, 자연적인 변화과정을 나타내는 반면, 3격(여격) 재귀대명사는 주어 자신의 소유 의미를 가진다.

예문

Îmi cumpăr o haină.	나는 (내가 입을, 나의) 옷 한 벌을 산다.
Îţi cumperi o haină.	너는 (네가 입을, 너의) 옷 한 벌을 산다.
Îşi cumpără o haină.	그(녀)는 (본인이 입을, 본인의) 옷 한 벌을 산다.

* 인칭대명사 여격과 재귀대명사 여격의 비교는 아래 예시와 같다.

인칭대명사 여격	재귀대명사 여격
a-i aminti (기억나게 하다)	a-şi aminti (기억나다)
Eu îi amintesc lui Radu adresa mea. 나는 라두에게 내 주소를 상기시킨다. Îi spune lui Ion părerea sa. 그는 이온에게 그의 의견을 얘기한다.	Eu îmi amintesc adresa. 나는 내 주소를 기억한다. Îşi spune părerea. 그는 그의 의견을 얘기한다.
a-i aduce aminte (기억나게 하다)	a-şi aduce aminte (기억나다, 회상하다)
Eu îi aduc aminte prietenei numărul meu de telefon. 나는 여자 친구에게 나의 전화번호를 기억시킨다. Tu ne aduci aminte că mâine e zi liberă. 너는 우리에게 내일이 휴일이라는 것을 상기시킨다.	Eu îmi aduc aminte numărul de telefon. 나는 내 전화번호를 기억한다. Tu îţi aduci aminte că mâine e zi liberă. 너는 내일이 휴일이하는 것을 기억한다.

* 4격 재귀동사도 존재하나 3격 재귀동사가 보편적으로 사용되는 대표적인 유형이다.

a-şi închipui 상상하다, 추측하다
Îmi închipui cu ce haine te-ai îmbrăcat la nuntă. 나는 네가 결혼식에 무슨 옷을 입었었는지를 상상한다. Încearcă să-şi închipuie casa ei din provincie. 그는 시골에 있는 그녀의 집을 상상하려고 노력한다.
a-şi imagina 상상하다, 공상하다
Îmi imaginez cum este în viitor. 미래에는 어떨지 나는 공상한다. Îşi imaginză că este acum la mare. 그는 지금 바다에 있다고 상상한다.
a-şi da seama 알다, 알아차리다, 의식하다
Şi-a dat seama că a pierdut cheia. 그는 열쇠를 잃어버린 것을 알아차렸다. Nu-mi dau seama dacă este acum în cameră sau nu. 그가 지금 방에 있는지 없는지 나는 알지 못한다.
a-şi lua rămas bun de la … (누구와 헤어질 때) 작별인사 하다, 인사를 남기다
Când pleacă, îşi ia rămas bun de la colegii lui. 그가 떠날 때 그는 그의 동료들에게 작별인사를 한다.

* să 접속법을 사용할 때 재귀대명사 여격의 위치는 să와 동사(să + 재귀대명사 + 동사) 사이이며, 복합과거의 경우 조동사 앞(재귀대명사 + 조동사 + 과거분사), 명령법이나 현재분사의 경우 동사 다음에 연결형(동사 + 재귀대명사)으로 온다.

예문

Vreau să-mi cumpăr o haină.	나는 내 옷 한 벌을 사길 원한다.
Mi-am cumpărat o haină.	나는 내 옷 한 벌을 샀다.
Cumpără-ţi o haină acum!	지금 네 옷 한 벌을 사라!

3. 소유 3격

'소유 3격(여격)'이란 인칭대명사 여격 비강세형이나 재귀대명사 여격 비강세형이 소유를 나타내는 의미로 사용될 때 지칭된다. 소유물에 해당하는 명사가 직접목적어나 주어가 아닐 경우에는 사용하지 못한다.

예문

A venit fratele lui. > I-a venit fratele. 그의 형이 왔다.	
Îi cunosc pe profesorii tăi. > Îţi cunosc profesorii. 나는 네 교수님들을 안다.	
Ceasul meu s-a stricat. > Mi s-a stricat ceasul. 내 시계가 고장 났다.	
Ţi-am vorbit cu colegii. (X) (직접목적어가 아니므로 비문)	

4. 강조 대명사(대명사의 강조형)

강조 대명사는 영어의 oneself와 비슷한 뜻으로 '그 자신, 그 자체'의 의미를 가지는데, 특정 목적물을 정확히 명시하며 명사 또는 대명사를 동반한다.

	단수		복수	
	m, n	f	m	n, f
1인칭	însumi[은수미]	însămi[은서미]	înşine[은쉬네]	însene[은세네]
2인칭	însuţi[은수찌]	însăţi[은서찌]	înşivă[은쉬버]	însevă[은세버]
3인칭	însuşi[은수쉬]	însăşi[은서쉬]	înşişi[은쉬쉬]	înseşi[은세쉬]

예문

Cunoaşte-te pe tine însuţi!	네 자신을 알라!
Ea însăşi mi-a spus că ştie faptul adevărat.	그녀는 진실을 알고 있다고 그녀 스스로 내게 말했다.

표현 따라하기 

Ce vă (te) doare?
체 버 (떼) 도아레

어디가 아프십니까? (아프니?)

Sunt bolnav. / Mă simt rău.
순뜨 볼나브 / 머 심뜨 러우

나는 아픕니다. / 몸이 안 좋아요.

Mă doare capul.
머 도아레 까뿔

머리가 아픕니다.

Se poate să mă consultaţi?
세 뽀아떼 서 머 꼰술따찌

저를 진찰해 주실 수 있나요?

Unde este cel mai apropiat spital (cea mai apropiată farmacie)?
운데 예스떼 첼 마이 아쁘로삐아뜨 스삐딸 (체아 마이 아쁘로삐아떠 파르마치에)
가장 가까운 병원은 (가장 가까운 약국은) 어디에 있습니까?

Aveţi medicamente pentru răceală (durere de cap)?
아베찌 메디까멘떼 뺀뜨루 러체알러 (두레레 데 까쁘)
감기 (두통)약 있으세요?

루마니아어로 말하기

회화 1

• Puteți să-mi dați o rețetă?　　제게 처방을 주시겠습니까?
뿌떼찌　서-미　다찌　오 레쩨떠

• Bineînțeles! V-o dau imediat!
비네은쩰레스　　보　다우 이메디아뜨
물론이죠! 바로 드리죠! (v-는 인칭대명사 2인칭 복수 비강세형 vă의 연

결형, o는 rețetă를 가리키는 인칭대명사 목적격 3인칭 여성)

회화 2

• Câte tablete trebuie să iau pe zi?
끄떼　따블레떼 뜨레부이에 서 이아우 뻬 지
하루에 몇 알씩 복용해야 하나요?

• Trebuie să luați câte două tablete înaintea meselor.
뜨레부이에 서 루아찌 끄떼 도우어 따블레떼 으나인떼아 메셀로르
식전에 두 알씩 복용하셔야 합니다. (înaintea는 2격 지배 전치사, mese

는 masă의 복수로 식사를 의미하기도 함)

회화 3

• Asistentă : Bună ziua! Cu ce să vă ajut?
　　　　　　　　부너 지우아　꾸 체 서 버 아주뜨
(보조원) 안녕하세요! 무얼 도와드릴까요?

• Pacient : Cred că mi-am fracturat mâna stângă. Aș dori să fac o
　　　　　　끄레드 꺼　미암　프락뚜라뜨 므나 스뜬거 아슈 도리 서 팍 오
　　　　　　radiografie.
　　　　　　라디오그라피에
(환자) 왼 손이 골절된 거 같은데요. X선 촬영을 하고 싶어요.

• Asistentă : Aveți programare?　　(보조원) 예약이 되어있나요?
　　　　　　　아베찌　쁘로그라마레

• Pacient : Nu, dar aş dori să mă consulte domnul doctor cât mai
누 다르 아슈 도리 서 머   꼰술떼   돔눌   독또르 끄뜨 마이

repede.
레뻬데

(환자) 아니오, 하지만 가능한 한 빨리 의사 선생님께서 저를 진찰해주시

기 바랍니다.

• Asistentă : Din păcate trebuie să mai aşteptaţi o jumătate de oră.
딘 뻐까떼 뜨레부이에 서 마이 아슈뗍따찌 오 주머따떼 데 오러

E bine?
예 비네

(보조원) 유감스럽게도 반시간은 더 기다리셔야 하는데요. 괜찮으세요?

• Pacient : Da, nu-i nici o problemă.   (환자) 예, 아무 문제없습니다.
다 누이 니치 오 쁘로블레머

함께 연습하기

1. 괄호 안에 알맞은 인칭대명사 목적격 비강세형을 쓰세요.

(   ) doare mâna. 그녀는 손이 아프다.

(   ) dor picioarele. 너는 발(들)이 아프다.

Nu (   ) interesează de ea. 나는 그녀에 대해 관심이 없다.

Vreau să (   ) întreb ceva. 나는 당신께 뭔가 질문을 하고 싶습니다.(존칭)

(   ) cheamă Sanda. 그녀 이름은 산다입니다.

2. 괄호 안에 알맞은 재귀대명사 여격 비강세형을 쓰세요.

(   ) cumpărăm maşină. 우리는 우리의 자동차를 산다.

Ea (   ) aminteşte că el este ocupat. 그녀는 그가 바쁘다는 것을 기억한다.

Abia acum (   ) dăm seama de ce ea a plâns. 그녀가 왜 울었는지 우리는 이제

막 알았다.

(   ) imaginezi că eşti în Africa. 너는 네가 아프리카에 있는 것을 공상한다.

3. 주어진 인칭대명사 여격 비강세형 문장을 재귀대명사 여격을 사용하여 전환
   하세요.

   Vrea să repare bicicleta lui. >

   I-a întâlnit pe prietenii lui la munte. >

   Le-am invitat pe colegele mele la masă. >

   N-ați văzut-o de mult pe mama voastră?

4. 다음을 루마니아어로 옮기세요.

   1) 나의 친구는 떠났다. (소유 3격)

   2) 그는 내일 그녀가 오는 것을 기억한다. (a-şi aduce aminte)

   3) 나는 책 읽는 것이 흥미롭다. (a interesa)

   4) 나는 스스로 이 문제를 해결했다. (însumi)

   5) 의사의 진찰을 받아야겠습니다.

6단계

문화의 이해

수도 부꾸레슈띠(Bucureşti) (부카레스트 Bucharest)

　　루마니아의 수도 부꾸레슈띠는 오늘날 드라큘라 전설의 주인공으로 널리 알려
진 문테니아(발라키아)의 영주 블라드 쩨뻬슈 통치 시절인 1459년 남부 루마니아
대평원의 듬보비짜강과 꼴렌띠나강을 가로지르는 루마니아 평야에 처음 형성되었
다. 도시 이름 부꾸레슈띠는 전설에 따라 의견이 분분하지만, '부꾸르'라 불리는
왕자 또는 의적, 한 평범한 낚시꾼, 혹은 한 양치기의 이름에서 유래되었다고 한
다. 한 가지 분명한 사실은 부꾸르라는 이름의 기원이 루마니아 고대 조상인 다치
아인에서 유래한다는 것이다. 또한 부꾸레슈띠라는 이름은 '기쁨'을 의미하는 루
마니아어 '부꾸리에(Bucurie)'를 환기시키기도 한다.

　　부꾸레슈띠는 오래 전부터 유럽의 대도시로 알려져 왔다. 미하이 깐따꾸지노
영주는 1701-2년 꼴쩨아 수도원을 건립하면서 총 24개의 병상을 가진 루마니아

최초의 병원을 부속 진료소로 개소한 바 있다. 부꾸레슈띠대학교의 전신인 궁정학술원이 1857년에 착공되었으며, 1861년에는 파리나 베를린보다 앞서 가스를 사용하는 가로등이 설치되었고, 1864년 법령에 의거한 시청사가 완공되었다. 1871년 석탄가스를 사용하는 가로등이 세워졌고, 대중 교통수단인 시내 전차(1871)와 말이 끄는 대마차(1872)가 운행되기 시작하였다.

오늘날의 립스까니(Lipscani) 거리에는 도시 최초의 상업지역이 1589년 6월 5일 형성되었다. 유럽문화의 중심지로서 30년대 부꾸레슈띠는 서구인들에 의해 '작은 파리'로 불렸으며, 그 명성에 걸맞은 많은 예술적 문화유산들이 간직되어 있다. 과거 부꾸레슈띠의 인구는 파리 인구의 약 1/4에 해당하였지만 지금은 약 2백만 명 이상의 인구가 거주하고 있는 대도시로 변모하였다. 19세기 후반부터 20세기사이에 중요한 건물들이 많이 건설되어졌는데, 국립은행(1883-1885), 소방방화탑(1892-1893), 루마니아 문학 박물관(1873), 루마니아 학술원(1890), 법원(1890-1895), 게오르게 라저르 고등학교(1890), 북부역(1868-1872), 미뜨로뽈리아 언덕에 세워진 의회궁(1907), 그리고레 안띠빠 박물관(1908) 등이 그 당시에 세워졌다.

부꾸레슈띠는 대학광장을 중심으로 동서남북 큰 도로들이 형성되어 있고, 그 대로를 따라 작은 거리들이 질서 정연하게 자리 잡고 있다. 부꾸레슈띠의 척추 역할을 하는 빅토리아 거리와 같은 평행을 이루며 로마광장에서 대학광장까지를 이어진 마게루 거리 주변은 수도의 신 중심가로서 많은 상점들과 박물관, 극장, 호텔, 레스토랑, 카지노 등이 즐비하게 있을 뿐만 아니라 루마니아 국립극장, 부꾸레슈띠대학교, 인터콘티넨탈 호텔 등이 위치하고 있다. 블라드 쩨뻬슈 영주가 거주하던 궁전과 16세기에 건축된 조그만 교회들의 유적이 있는 이울리우 마니우 거리 옆에는 1808년에 세워진 '마눅의 여인숙(Hanul lui Manuc)'이 있는데, 이곳은 현재 호텔과 레스토랑으로 사용되고 있다. 개선문 근처 헤러스뜨로우 공원 내에 위치한 루마니아 농촌 박물관은 전국에서 옮겨온 198채의 실제 농촌 가옥들이 전시되어 있다.

부꾸레슈띠에는 국내선 버네아사 공항과 국제선 헨리 코안다(구 오또뻬니) 공항이 있고, 유럽을 철로로 연결하는 '북역'을 포함한 5개의 큰 역들이 있으며, 또한 시내에는 버스, 궤도버스, 전차, 지하철 등이 도시 전체를 효율적으로 연결하고 있다. 헨리 코안다 국제공항에서 수도로 들어오다 보면 오른쪽으로 프레스 센터(구 스끈떼이 국영인쇄소), 루마니아 무역 전시관이 차례로 위치하고 있다. 특히, 이곳 무역전시관(Expo)은 매년 통신기술, 건설기술, 섬유기계, 국제가구, 포도수, 자동차 그리고 춘추 정기 국제박람회 등과 같은 크고 작은 국제 박람회가 개최되어 21세기 경제부국을 꿈꾸는 루마니아 경제의 요람이 되고 있다.

Ce faci la sfârşitul săptămânii?

주말에 뭐 할 거니?

Bogdan : Ce faci la sfârşitul săptămânii?
체 파치 라 스프르쉬뚤　섭떠무니-

Sanda : Sâmbătă dimineaţa voi trece pe la Sorin ca să-i dau cartea
슴버떠　디미네아짜　보이 뜨레체 펠 라 소린　까 서이 다우 까르떼아

înapoi. Această carte mi-a împrumutat-o Sorin.
으나뽀이　아체아스떠 까르떼 미아　음쁘루무따또 소린.

Bogdan : După asta, ce mai faci?
두뻐　아스따 체 마이 파치

Sanda : O să mă duc cu Gabi la Snagov. Ea m-a invitat la vila ei de
오 서 머 둑 꾸 가비 라　스나고브　예아 마 인비따뜨 라 빌라 예이 데

vacanţă pentru ca să facem o petrecere. Tu n-ai fost invitat?
바깐쩌　뜨루　까 서 파쳄　오 뻬뜨레체레　뚜 나이 포스뜨 인비따뜨

Bogdan : Ba da, am fost invitat. Dar nu pot să mă duc.
바 다 암 포스뜨 인비따뜨　다르 누　뽀뜨 서 머 둑

Sanda : De ce?
데 체

Bogdan : Pentru că merg cu George la meciul final de fotbal care are loc
뜨루　꺼 메르그 꾸 제오르제 라 메치울　피날 데 포뜨발 까레 아레 록

sâmbătă seara. Noi am cumpărat deja două bilete acum o lună.
슴버떠　세아라　노이 암　꿈뻐라뜨　데자 도우어　빌레떼　아꿈　오 루너

Sanda : Ce echipe joacă?
체　에끼뻬　조아꺼

Bogdan : ⟨Dinamo⟩ şi ⟨Steaua⟩ au ajuns în finală.
디나모　쉬 스떼아우아 아우 아준스 은 피날러

Sanda : Cât costă un bilet (de intrare)?
끄뜨 꼬스떠 운 빌레뜨 (데 인뜨라레)

Bogdan : 200(două sute) de lei... De fapt e cam scump. Dar n-am vrut să
도우어 수떼　데 레이　데 팝뜨 예 깜　스꿈쁘　다르　남 브루뜨 서

pierd acest meci. De aceea, am strâns bani timp de două luni
삐에르드 아체스뜨 메치　데 아체에아　암 스뜨른스　바니 띰쁘　데 도우어 루니

pentru a cumpăra acest bilet.
뜨루 아　꿈뻐라 아체스뜨 빌레뜨

보그단 : 주말에 뭐 할 거니? (젊은이들 사이에는 la sfârşitul săptămânii 대신에 영어 차용
　　　　어 în weekend [은 위크엔드]를 많이 사용하기도 한다.)
산다 : 토요일 아침, 책을 돌려주기 위해 소린 집에 들러야 해. 이 책을 소린이 나한테 빌
　　　려준 거야.
보그단 : 그 다음에는 뭘 더 할 건데?
산다 : 가비와 함께 스나고브에 갈 거야. 파티 할 요량으로 자기 여름 별장으로 나를 초대
　　　했어. 너는 초대받지 못했니?
보그단 : 왜 아니겠어, 나도 초대받았어. 그런데 갈 수가 없어.
산다 : 왜?
보그단 : 왜냐하면 토요일 저녁에 열릴 축구 결승경기를 보러 제오르제와 함께 가야하기
　　　　때문이야.
산다 : 무슨 팀이 경기하는데?
보그단 : 〈디나모〉와 〈스떼아우아〉가 결승에 올랐어.
산다 : 입장권 한 장에 얼만데?
보그단 : 200 레이야... 사실 꽤 비싸지. 하지만 이 경길 놓치고 싶지는 않았어. 그래서 이
　　　　표를 사기 위해 두 달 동안 돈을 모았어.

단어와 숙어 익히기

sfârşit	n. 끝, a. 끝난
sfârşitul săptămânii	주말(săptămânii는 săptămână의 소유격 형태)
rând (rânduri)	n. 열, 줄, 순서, 차례, 등급, 지위
dau înapoi	되돌려준다(a da înapoi)
vilă (vile)	f. 빌라
vilă de vacanţă	별장
ca să	−하기 위해(서)
petrecere (petreceri)	f. 유희, 즐거움, 즐기기, 통과, 파티
meci (meciuri)	n. 경기
final (finale)	n. 마지막 단계, 끝, 대단원
finală (finale)	f. 마지막 조항, 결승, 피날레
final, −ă, −i, −e	마지막의, 최후의
fotbal,	n. 축구
are loc	개최하다, 열다(a avea loc)
deja	av. 이미, 벌써 오래전에
acum	지금, −전에(acum 2 zile 이틀 전에)
echipă (echipe)	f. 팀, 패거리
intrare (intrări)	f. 입구, 들어가기, 입장
bilet (de intrare)	입장권
strâns	모은(a strânge 동사의 과거분사)

문법 따라잡기

1. 미래시제

　루마니아어 미래시제에는 세 가지 유형이 있으며, 말하는 시간 이후에 일어날 미래의 행동이나 행위를 표현한다.

A. a voi(원하다) 조동사를 사용한 경우

1인칭	voi		
2인칭	vei		
3인칭	va	+ 동사 원형	부정문 :
4인칭	vom		nu + voi, vei,...
5인칭	veţi		
6인칭	vor		

예문

Voi pleca în curând. 나는 곧 떠날 것이다.

Vom aştepta până ce vei termina lucrarea ta. 네가 일을 다 마칠 때까지 우리는 기다릴 것이다. (până 다음에는 명사(구), până ce 다음에는 절이 온다)

Dacă mă vei lăsa în pace, nici eu nu te voi supăra. 네가 나를 가만히 내버려둔 다면, 나도 너를 화나게 하지 않을 것이다.

B. să 접속법 형태를 사용한 경우

1인칭			
2인칭			
3인칭	o să	+ 접속법 (인칭에 따라 변화)	부정문 :
4인칭			n-o să ...
5인칭			
6인칭			

Dacă va fi război, o să murim toţi.	전쟁이 일어난다면 우리 모두는 죽을 것이다.
N-o să mă duc dacă nu mă permiţi.	네가 허락하지 않으면 나는 가지 않을 것이다.

C. a avea(가지다) 조동사를 사용한 경우

1인칭	am să		부정문	n-am să ...
2인칭	ai să			n-ai să ...
3인칭	are să	+ 접속법 (인칭에 따라 변화)		n-are să ...
4인칭	avem să			n-avem să ...
5인칭	aveţi să			n-aveţi să ...
6인칭	au să			n-au să ...

Am să merg cu ea la spital dacă îmi cere.	그녀가 나에게 요청한다면 나는 그녀와 함께 병원에 갈 것이다.
N-am să mai mănânc.	더 이상 먹을 수가 없다.

2. 능동태와 수동태

루마니아어의 수동태는 기본적으로 'a fi + 본동사의 과거분사 + de (către)'의 어순으로 구성된다. 동사는 시제에 따라 변하며, 본동사의 과거분사는 형용사의 성격을 가지게 되므로 주어의 성과 수에 따라서 어미변화를 일으킨다.

A. 현재시제의 경우

능동태의 목적어는 수동태에서 앞으로 가서 주어가 되고, 능동태의 주어는 수동태에서 뒤로 가서 전치사 de(către) 뒤에 위치한다. 능동태의 본동사는 수동태에서 본 위치에 그대로 자리하나, 'a fi + 과거분사' 형태로 바뀐다. 단, 과거분사는 형용사의 성격을 가지므로 수동태 주어의 성과 수에 따라 변한다.

능동태	수동태
Bogdan taie pomul. 보그단은 나무를 자른다.	Pomul este tăiat de Bogdan. 나무는 보그단에 의해 잘린다.
Mama spală maşina. 엄마는 자동차를 씻는다.	Maşina este spălată de mama. 자동차는 엄마에 의해 씻긴다.
Mihai deschide uşa. 미하이는 문을 연다.	Uşa este deschisă de Mihai. 문은 미하이에 의해 열려진다.

B. 복합과거 시제의 경우

현재시제의 어순과 동일하나, 능동태의 본동사(복합과거 : a avea 조동사 + 과거분사)는 수동태에서 'a fi 복합과거 시제 + 과거분사' 형태를 취한다. 이때 동사는 시제에 따라 변하며, 조동사와 과거분사는 각각 주어의 인칭, 성과 수에 일치시켜준다.

능동태	수동태
Bodgan a tăiat pomul. 보그단은 나무를 잘랐다.	Pomul a fost tăiat de Bogdan 나무는 보그단에 의해 잘렸다.
Mama a spălat maşina. 엄마는 자동차를 씻었다.	Maşina a fost spălată de mama. 자동차는 엄마에 의해 씻겼다.
Ion m-a chemat. 이온이 날 불렀다.	Eu am fost chemat de Ion. 나는 이온에 의해 불려졌다.

C. 미래시제의 경우

미래시제 역시 현재시제의 어순과 동일하나, 능동태의 본동사(미래시제 : oi, vei… + 동사원형)는 수동태에서 'voi, vei… + fi + 과거분사' 형태를 취한다. 조동사와 과거분사는 각각 주어의 인칭, 성과 수에 일치시켜 준다.

능동태	수동태
Eu îl voi invita pe Ion. 나는 이온을 초대할 것이다.	Ion va fi invitat de mine. 이온은 나에 의해 초대될 것이다.
Ion ne va aştepta. 이온은 우릴 기다릴 것이다.	Noi vom fi aşteptaţi de Ion. 우리는 이온에 의해 기다려질 것이다.
Ion va organiza expoziţia. 이온은 전람회를 조직할 것이다.	Expoziţia va fi organizată de Ion. 전람회는 이온에 의해 조직될 것이다.

D. 불완료시제의 경우

불완료시제 역시 현재시제의 어순과 동일하나, 능동태의 본동사(분완료시제)는 수동태에서 'a fi 동사의 불완료시제(eram, erai, era, eram, eraţi, erau) + 본동사의 과거분사' 형태를 취한다. 동사와 과거분사는 각각 주어의 인칭, 성과 수에 일치시켜준다.

Fata creştea căţelul. 소녀는 강아지를 키우곤 하였다. > Căţelul era crescut de fată. 강아지는 소녀에 의해 길러지곤 하였다.

Mama spăla fetiţa în fiecare dimineaţă. 엄마는 매일 아침 소녀를 씻기곤 하였다. > Fetiţa era spălată de mama în fiecare dimineaţă. 소녀는 매일 아침 엄마에 의해 씻기곤 하였다.

3. 부정대명사 : −va형, tot, unul과 nici unul

여기서 부정은 부정적인 것을 의미하는 것이 아니라 정해지지 않은 것을 의미한다.

A. −va형 부정대명사(의문사 + −va 형태)

cineva 어떤 사람, 누군가(cuiva는 여격, 소유격 형태)

ceva 어떤 것, 무언가

cândva 언젠가

cumva 어떻게 해서든지

undeva 어딘가(에)

câtva, câtăva, câţiva, câteva 몇몇 개의, 얼마간(성, 수 일치 필요)

예문

M-am întâlnit cu cineva mergând la mare.	나는 바다에 가면서 누군가를 만났다.
Ai mai spus cuiva secretul nostru?	누군가에게 우리들의 비밀을 이야기했니?
Am cumpărat ceva pentru ea.	나는 그녈 위해 뭔가를 샀다.
Am citit câteva cărţi.	나는 몇 권의 책을 읽었다.
Am întâlnit câţiva prieteni.	나는 몇몇 친구들을 만났다.

B. tot 모든(것, 사람)

tot의 형용사적 용법이나 대명사적 용법이나 형태는 동일하다, 단, tot가 형용사로 사용될 때 뒤에 오는 명사는 정관사를 취한다. tot의 여격, 소유격은 복수형태 tuturor만 존재하며 이때 뒤에 오는 명사는 복수 여격, 소유격 형태를 가진다.

예문

Toţi colegii m-au lăudat.	모든 동료들이 나를 칭찬했다.
Le-am mâncat pe toate.	나는 모든 것을 먹어치웠다.
Le-am dat tuturor (colegilor)	모든 이 (동료들)에게 그것들을 주었다.

* 관용어구

cu totul 완전히, peste tot 곳곳에, 도처에, de tot 아주, 정말(=foarte)

C. unul과 nici unul(부정대명사 unul에 대한 자세한 소개는 4과 문법 참조)

nici unul(그 누구도, 어떤 이도, 어떤 것도 -못하다)은 부정대명사 unul의 부정어 형태이며, 부사 nici는 부정을 더 강하게 강조하기 위해 사용된다.

예문

Nici unul (dintre noi) n-a reuşit să rezolve această problemă. (우리들 중) 그 누구도 이 문제를 푸는데 성공하지 못했다.

4. 명사형 어미 −re

   명사형 어미 −re는 동사를 명사로 만들 때 사용되는데, 일반적으로 동사의 원형 뒤에 −re를 붙여 주면 된다. 명사가 된 '동사 + re'의 성은 여성이 일반적이며, 복수형은 −ri 이다.

a intra ＞ intrare (intrări) f 들어가기, 입구,
a ieşi ＞ ieşire (ieşiri) f 나오기, 출구

3단계

표 현 따 라 하 기

Ce vârstă aveţi? (= Câţi ani aveţi?)　　　　당신은 몇 살 입니까?
체　브르스떠 아베찌　　(끄찌 아니 아베찌)

Ce vârstă ai? (=Câţi ani ai?)　　　　너는 몇 살 이니?
체 브르스떠 아이　　(끄찌 아니 아이)

M−am născut în 2(două) martie 1984(o mie nouă sute optzeci şi patru).
맘　　너스꾸뜨 은　도우어　마르띠에　　　오 미에 노우어 수떼　옵뜨제치 쉬 빠뜨루
나는 1984년 3월 2일에 태어났습니다.

Puteţi să mă ajutaţi?　　　　나를 도와주실 수 있습니까?
뿌떼찌 서 머 아주따찌

Puteţi să-mi spuneţi cum să ajung la primărie?
뿌떼찌 서-미 스뿌네찌 꿈 서 아준그 라 쁘리머리에
시청으로 가는 길을 가르쳐 주실 수 있습니까?

Cum ajung la gară?　　　　기차역까지 어떻게 가지요?
꿈　아준그 라 가러

La intersecţia următoare faceţi la dreapta (la stânga).
라 인떼르섹찌아 우르머또아레 파체찌 라 드레압따 (라 스뜬가)
다음 교차로에서 오른쪽으로 (왼쪽으로) 도세요.

Este o casă de schimb sau o bancă unde pot schimba valută în lei?
예스떼 오 까서 데 스낌브 사우 오 반꺼 운데 뽀뜨 스낌바 발루떠 은 레이
외화를 레이(루마니아 화폐단위)로 바꿀 수 있는 은행이나 환전소가 있나요?

Vă rog să-mi schimbaţi 100(o sută) de Euro în lei.
버 록 서미 스낌바찌   오 수떠 데 에우로 은 레이
100유로를 레이로 바꿔주시기 부탁드립니다.

Vreau să deschid un cont la banca dumneavoastră.
브레아우 서 데스끼드 운 꼰뜨 라 반까 둠네아보아스뜨러
당신 은행에 계좌를 개설하고 싶습니다.

Vreau să ridic bani din contul meu.
브레아우 서 리딕 바니 딘 꼰뚤 메우
내 계좌에서 돈을 인출하려고 합니다.

루 마 니 아 어 로 말 하 기

회화 1

- Ce sport faceţi?
  체 스뽀르뜨 파체찌
  어떤 운동을 하세요?

- Când am timp, joc tenis.
  끈드 암 띰쁘 족 떼니스
  시간이 나면 테니스를 칩니다.

회화 2

- Când va avea loc concertul lui Andrea Bocelli?
  끈드 바 아베아 록   꼰체르뚤 루이 안드레아 보첼리

안드레아 보첼리의 콘서트가 언제 열리나요? (a avea loc 개최하다, 발생하나)

• O să aibă loc abia duminica următoare.
오 서 아이버 록 아비아 두미니까 우르머또아레
다음 주 일요일이나 되어서 열릴 것입니다.

회화 3

• Maria : Ai fost aseară la meciul de fotbal?
마리아: 아이 포스뜨 아세아러 라 메치울 데 포뜨발
어제 축구경기에 갔었니?

• Cao : Nu, n–am putut să–l văd.
까오: 누 남 뿌뚜뜨 설 버드
아니, 경기를 볼 수가 없었어.

• Maria : De ce?
마리아: 데 체
왜?

• Cao : Din cauza ploii a fost amânat pentru sâmbătă seara.
까오: 딘 까우자 쁠로이 아 포스뜨 아므나뜨 뜨루 슴버떠 세아라
비 때문에 토요일 저녁으로 연기되었어.

• Maria : Iar trebuie să cumperi bilet (de intrare)?
마리아: 이아르 뜨레부이에 서 꿈뻬리 빌레뜨 (데 인뜨라레)
그러면 입장권을 또 구입해야 하는 거야?

• Cao : Nu, se poate să folosesc din nou biletul de ieri.
까오: 누 세 뽀아떼 서 폴로세스끄 딘 노우 빌레뚤 데 이에리
아니, 어제 표를 다시 사용하면 돼.

5단계

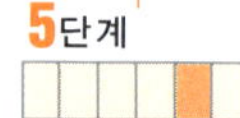

함께 연습하기

1. 괄호 안에 알맞은 미래시제 형태를 쓰세요.

(　　) să cumpăr un bilet de intrare. (1인칭 단수)

(　　) da examenul în luna decembrie. (2인칭 단수)

(　　) traduce acest text în românește. (3인칭 복수)

(　　) să ajungem acolo cu trenul. (1인칭 복수)

2. 주어진 능동태를 수동태로 바꾸세요.

Ea te-a condus. >

Noi am cumpărat o maşină nouă. >

Fratele cel mare îl bate pe fratele cel mic. >

Sanda ne va invita la masa. >

Radu a vândut bicicleta. >

Bunica povestea basmul. >

3. 괄호 안에 알맞은 부정대명사 형태를 쓰세요.

(어떻게 해서든지) nu se poate să împrumut acel dicţionar?

(그 누구도) dintre noi nu s-a dus la concert.

(언젠가) vreau să vă invit.

Ai văzut pe (누군가) în sala de curs?

Am dat adresa mea (모든 이에게).

(어딘가에) va fi cheia mea pierdută.

4. 다음을 루마니아어로 옮기세요.

1) 모든 친구들을 내 집에 초대했다.

2) 그는 한 달 후에 돌아올 것이다. (미래시제)

3) 왜 너는 기차역에서 그들을 기다리지 않을 거니? (미래시제)

4) 이 꽃다발은 그에 의해 가져온 것이다. (수동태)

5) 어제 내가 입었던 옷은 엄마가 만들어 주셨던 거야. (수동태)

문화의 이해

루마니아의 국민시인, 미하이 에미네스꾸

    루마니아의 국민시인, 미하이 에미네스꾸(Mihai Eminescu, 1850–1889)는 비엔나로 유학을 가서 철학, 언어학, 역사, 법학 등을 공부하며, 불교, 유교, 플라톤, 스피노자, 칸트, 쇼펜하우어 등의 서적을 접하고 깊은 영향을 받았다. 문학적 재능이 풍부했던 청년 에미네스꾸는 낭만적이고 형이상학적 문예운동을 추구한 문예동호회 〈주니메아(Junimea)〉에서 활동하였다.

    1872년 주니메아의 후원으로 베를린으로 유학을 갔다가 1874년 돌아와 이아쉬 대학의 도서관장으로 근무하며 창작활동을 병행하였다. 당시 유부녀 시인인 베로니까 미끌레(Veronica Micle)를 만나 이룰 수 없는 사랑을 하며, 그의 창작에 깊은 영향을 미치게 된다. 1882년부터 우울증이 악화되기 시작하며 1883년 이후 정신이상을 겪기도 한다. 1889년 6월 15일 사랑과 죽음의 주옥같은 시들을 독자들에게 남긴 채 시인은 심장내막염으로 생을 달리한다.

    에미네스꾸의 인생과 작품세계는 불교와 쇼펜하우어의 이론에서 많은 영향을 받았다. 에미네스꾸 작품세계에 나타나는 죽음은 일반적으로 현실세계에서 나타나는 염세주의적인 인생관과는 반대로 낙천주의적인 세계를 표명하고 있다. 에미네스꾸에게 있어서 염세주의적인 현실 세계로부터의 도피처는 우리가 궁극적으로 돌아가야 할 죽음의 세계이자 동경으로 가득 찬 천국의 세계이다. 이 때문에 죽음은 고통으로부터 해방되어 천국과 같은 죽음의 세계로 들어가기 위한 유일한 수단이 되기도 한다. 이에 시인은 그의 시에서 죽음을 갈망한다. 시인은 후각, 청각, 촉각, 시각 등 모든 감각을 통해 죽음을 느끼고 갈망한다. 그리고 조용한 저녁, 숲이 가까이 있는 바닷가에서 홀로 죽기를 원한다. 그의 작품 속에서 죽음은 이 세계로부터의 떠남을 의미하는 동시에 자연으로의 영원한 회귀를 의미한다. 즉, 죽음을 통하여 인간은 자연과 조화를 이루며 자연과의 완전한 합일이 이루어지는 것이다.

    에미네스꾸의 대표 작품으로는 삶과 죽음, 사랑의 철학이 집약된 〈샛별

〈Luceafărul〉〉, 죽음과 그에 따른 인생의 형이상학적 문제를 다룬 〈죽음이란 (Mortua est)〉 시 등이 있다.

히페리온, 심연에서
모든 세계와 함께 솟아오른 너,
형체도 이름도 없는
기적과 징표를 원하지 마라.

넌 인간이 되기를 원하고
그들을 닮길 원하느냐?
모든 인간이 멸망하고
또 다시 태어나는데도.
…

너희들은 좁은 세계에 살면서
덧없는 행복을 추구하지만,
난 나의 세계에서
불멸과 내정을 느낀다.

– 〈샛별〉에서 –

Aş dori...

바라건 데...

Mihai : Spune-mi, te rog, unde ai fost dimineaţa?
스쁘네-미 떼 록 운데 아이 포스뜨 디미네아짜

Ana : Am fost în centru, la magazinul universal 〈Unirea〉.
암 포스뜨 은 첸뜨루 라 마가지눌 우니베르살 우니레아

Mihai : De ce?
데 체

Ana : Am avut ceva de cumpărat.
암 아부뜨 체바 데 꿈뻐라뜨

Mihai : Ce ai cumpărat?
체 아이 꿈뻐라뜨

Ana : Am luat o servietă de piele.
암 루아뜨 오 세르비에떠 데 삐엘레

Mihai : Arată foarte bine şi de calitate. Cui vrei s-o dai?
아라떠 포아르떼 비네 쉬 데 깔리따떼 꾸이 브레이 소 다이

Ana : Lui Cristi. Pentru că în curând se apropie ziua lui. Aş dori să-i
루이 끄리스띠 뜨루 꺼 은 꾸른드 세 아쁘로삐에 지우아 루이 아슈 도리 서-이

cumpăr chiar o maşină, dacă aş avea atâţia bani.
꿈뻐르 끼아르 오 마쉬너 다꺼 아슈 아베아 아뜨찌아 바니

Mihai : Cred că îl iubeşti foarte mult?
끄레드 꺼 을 이우베슈띠 포아르떼 물뜨

Ana : Da, ţin la el foarte mult.
다 찐 라 엘 포아르떼 물뜨

Mihai : Ce norocos e Cristi! Şi eu m-aş bucura să întâlnesc pe cineva ca
체 노로꼬스 예 끄리스띠 쉬 예우 마슈 부꾸라 서 은뜰네스끄 뻬 치네바 까

tine...
띠네

미하이 : 말해 줘, 부탁이야, 아침에 어디 있었니?

아나 : 시내에 있었어, 우니레아 백화점에.

미하이 : 왜?

아나 : 뭔가 살 게 좀 있었어.

미하이 : 뭘 샀는데?

아나 : 가죽 서류가방 하나를 샀어.

미하이 : 질도 좋은 것 같고 보기도 좋은데. 누구에게 줄거니?

아나 : 끄리스띠에게. 왜냐하면 그의 생일이 곧 다가와. 내가 돈이 엄청 많으면 그에게 자
동차라도 사주고 싶은걸.

미하이 : 그를 많이 사랑하는구나.

아나 : 그래, 그를 정말 좋아해.

미하이 : 끄리스띠는 정말 운이 좋군! 나도 너와 같은 누군가를 만난다면 얼마나 기쁠까...

단어와 숙어 익히기

• centru (centre)	n. 중심, 가운데
• magazinul universal	백화점
• universal, −ă, −i, −e	일반적인, 보편적인,우주의, 세계의
• ceva	무언가, 어떤 것(부정대명사)
• servietă (serviete)	f. 서류가방
• piele (piei)	f. 가죽, 피부
• calitate (calităţi)	f. (품)질
• Cui	누구에게(cine의 여격)
• curând	av. 곧, 즉시(în curând 이내, 곧; pe curând 안녕, 곧 다시보자!)
• apropia (apropii)	오게하다, 가까이 가다, 접근하다, 다가 가다
• ziua lui	그의 생일(=aniversarea lui)
• atâţia	a. 그렇게 많은
• cred	믿다(a cred 동사)
• iubeşti	사랑하다(a iubi 동사)
• ţin	잡다(a ţine 동사)
• ţin la~	~를 좋아하다.
• chiar	av. 심지어, −조차, 방금, 바로
• norocos, norocoasă, norocoşi, norocoase	행운의
• Ce norocos…!	운 좋군! (Ce + 형용사 / 부사 = 감탄문)

문법 따라잡기

1. 조건 소망법(Modul condiţional–optativ)

조건 소망법은 조건 성취 이후와 희망을 이루고자 하는 행동이나 행위 그리고 가능성을 표현하는 방식이다. 형식은 아래 표와 같다.

현재	aş, ai, ar, am, aţi, ar + 본동사의 원형
과거	aş, ai, ar, am, aţi, ar + fi + 본동사의 과거분사

예문

Aş pleca.	떠나고 싶다.
Aş fi mers.	갔었을 텐데.

* 부정문은 앞에 n–를 붙인다.

예문

Aş merge. > N–aş merge.

* 인칭대명사, 재귀대명사는 조건 소망법 앞에 연결형으로 온다.

목적격	m–, te–, l–, ne–, v–, i–, le–	+ aş vedea
	여성 목적격 o 는 조건 소망법 뒤에 온다. (예) aş aduce-o	
여격	mi–, ţi–, i–, ne–, v–, le–	+ aş aduce

* 용법

A. 조건 : 접속사 dacă(만약 –한다면)를 수반한다.

Aş merge în excursie, dacă ar fi vreme frumoasă. 날씨가 좋으면 피크닉을 갈 텐데.

M–aş duce la mare, dacă aş avea timp liber. 여유 시간이 있으면 바다에 갈 텐데.

B. 소망

V-aş invita la masă. 당신을 식사에 초대할 텐데.

Ar merge la cinema, dar are examen mâine. 그는 극장에 가기를 원하나 내일 시험이 있다.

Deşi era târziu, ar mai fi stat. 늦었음에도 불구하고 그는 더 있기를 원했다.

C. 가능성

Mi-a spus că Mihai ar fi bolnav. 그는 나에게 미하이가 아플 거라고 말했다.

D. 완곡, 겸손

Aş dori să mă prezint. 내 소개를 해도 될까요.

Aş vrea să plec acum. 지금 내가 떠나도 될까요.

2. 의문대명사 cine의 격변화

주격	cine
소유격	(al, a, ai, ale) cui
여격	cui
목적격	pe cine, cu cine, de cine ...

예문

Cine doarme aici?	누가 여기에 자고 있나?
A cui este cartea aceasta?	이 책은 누구의 것이냐?
Cui (îi) trimiţi scrisoarea?	너는 누구에게 편지를 보내니?
Pe cine ai invitat?	너는 누구를 초대했니?
Cu cine ai vorbit?	너는 누구와 얘기했니?

3. 목적분사(supinul)

목적분사는 '전치사 + 과거분사'로 이루어진 구문으로 가능성, 필요, 목적 등의 의미를 나타낸다.

A. 명사 또는 형용사와 결합된 목적분사 유형

Am cumpărat maşină de scris (maşină de spălat) 나는 타자기(세탁기)를 샀다.

Această misiune e greu de făcut. 이 임무는 수행하기가 너무나 어렵다.

Acest text e uşor de tradus. 이 텍스트는 번역하기 쉽다.

B. a avea 동사와 결합된 목적분사 유형 : −하여야 한다

Pentru viitor avem de învăţat. 미래를 위해 우리는 공부해야 한다.

C. a fi 동사와 결합된 목적분사 유형 : −할 수 있다

Căldura nu mai este de suportat. 더위를 더 이상 참을 수 없다.

D. 보어적 기능

Iese la spălat. 그는 씻으러 나간다.

Venim la cules. 우린 수확하러 온다.

4. 부정대명사 : ori−형, vreun, nimic과 nimeni

A. ori−형 부정대명사, 부사(ori + 의문사)

oricine 누구든지, 누구든 간에(oricui는 여격, 소유격 형태)

orice 어느 것이든, 무엇이든, 모든(+ 단수명사)

oricând 언제든지, 언제나, 항상

oricum 어쨌든, 어떻게 해서든

oricât, oricâtă, oricâţi, oricâte 가능한(아무리) 많이 −라도. −하는 것(사람)

oricare 각자의, 누구나 다, 어느 사람이든 (fiecare와 용법이 같음)

oriunde 도처에, 어디든지, 어느 곳에서나

Oricine poate rezolva. 누구든지 해결할 수 있다.

Putem discuta cu voi pentru orice subiect. 그 어떤 주제든 우린 너희와 토론할 수 있다.

El citeşte orice carte. 그는 어느 책이든 읽는다.

Întreabă pe oricare copil! 어느 아이에게든 물어 보아라!

Invită oricâţi vrei! 네가 원하는 사람들은 다 초대해라!

Aş pleca oriunde. 어디라도 떠날 수 있다면.

Chiar dacă nu vrei, oricum faci. 심지어 원하지 않더라도 어쨌든 너는 한다.

Să vii oricând! 언제든지 오렴!

B. Vreun(어떤, 어느 한, 누군가)

		형용사적 용법		대명사적 용법	
		m, n	f	m	n, f
단수	주격, 목적격	vreun	vreo	vreunul	vreuna
	소유격, 여격	vreunui	vreunei	vreunuia	vreuneia
복수	주격, 목적격	(vreunii)	(vreunele)	vreunii	vreunele
	소유격, 여격	vreunor		vreunora	

Locuieşti singur sau cu vreun coleg? 너는 혼자 사니 아니면 어느 한 동료와 함께 사니? => Locuieşti singur sau cu vreunul?

Ai citit vreo carte săptămâna asta? 너는 이번 주에 어느 한 책이라도 읽었니? => Ai citit vreuna săptămâna asta?

Ai împrumutat cartea vreunui prieten? 너는 어느 한 친구의 책을 빌렸니? => Ai împrumutat cartea vreunuia?

* 숫자 앞에 사용되는 vreo는 '대략, 약'이란 의미를 갖는다.

Domnişoara are vreo douăzeci de ani. 아가씨는 대략 스무 살이다.

C. nimic과 nimeni

nimic(아무 것도 -아닌)은 영어 nothing의 의미를 가지며, nimeni(아무도 -아닌)는 영어 nobody의 의미를 가진다. nimeni는 소유격, 여격에서 nimănui (아무에게도) 형태를 취한다.

Nu-mi place nimic. 나는 아무것도 마음에 들지 않는다.

Nimeni nu poate să-l ajute. 아무도 그를 도울 수가 없었다.

N-am spus nimănui secretul nostru.　나는 우리들의 비밀을 아무에게도 말하지 않았다.

5. 지시 대명사, 형용사 celălalt와 acelaşi

A. celălalt 다른(것, 사람)

형용사와 대명사적 용법의 형태는 같다. 둘 또는 그 이상의 대상 중 두 번째 또는 거론된 대상 이외의 다른 대상들을 가리킨다.

	단수		복수	
	m, n	f	m	n, f
주격, 목적격	celălalt	cealaltă	ceilalţi	celelalte
소유격, 여격	celuilalt	celeilalte	celorlalţi	celorlalte

Are două surori. Una locuieşte la Bucureşti, cealaltă (soră) locuieşte la Seul. 그는 두 명의 누이를 가지고 있다. 한 명은 부꾸레슈띠(부카레스트)에 살고 있고, 다른 한 명은 세울(서울)에 산다.

Acestui prieten îi dau o carte, celuilalt (prieten) îi dau un stilou. 나는 이 친구에게 책 한 권을 주고, 다른 친구에게는 만년필 한 자루를 준다.

B. acelaşi 바로 그 같은, 동일한(것, 사람)

형용사와 대명사적 용법의 형태는 같으며, 언급되거나 인지된 것(사람)과 동일한 대상을 가리킨다.

	단수		복수	
	m, n	f	m	n, f
주격, 목적격	acelaşi	aceeaşi	aceiaşi	aceleaşi
소유격, 여격	aceluiaşi	aceleiaşi	aceloraşi	

Ea conduce aceeaşi maşină de trei ani. 그녀는 3년 전부터 똑같은 자동차를 몰고 있다.

Învăţăm cu acelaşi profesor de anul trecut. 우린 작년부터 똑같은 교수님과 공부하고 있다.

Trimiteam aceluiaşi prieten felicitări de Anul Nou în fiecare an. 나는 매년 똑같은 친구에게 연하카드를 보내곤 한다.

표현 따라하기 

Ana are doi fraţi, amândoi sunt în armată acum.
아나 아레 도이 프라찌   아믄도이   순뜨 은   아르마떠 아꿈
아나는 두 형제를 가지고 있다. 둘 모두 지금 군대에 있다.

A cumpărat două cărţi. Amândouă sunt scumpe.
아 꿈뻬라뜨 도우어 꺼르찌   아믄도우어   순뜨   스꿈뻬
그는 책 두 권을 샀다. 둘 모두 비싸다.

De obicei, duminica ieşim undeva.   항상 일요일에 우린 외출한다.
데 오비체이   두미니까 이에쉼   운데바

Pot să plătesc cu cartea de credit(cardul)?
뽀뜨 서 쁠러떼스끄 꾸 까르떼아 데 끄레디뜨(까르둘)
신용카드로 지불해도 될까요?

Puteţi să-mi daţi o chitanţă?   영수증을 주시겠습니까?
뿌떼찌   서-미 다찌 오   끼딴쩌

Pot să-l (또는 s-o) probez?   입어 봐도 될까요?
뽀뜨 설   (소)   쁘로베즈

La ce oră decolează avionul?   비행기는 몇 시에 이륙합니까?
라 체   오러   데꼴레아저   아비오눌

La ce oră aterizează avionul?　　비행기는 몇 시에 착륙합니까?
라 체 오러 아떼리제아저　아비오눌

루마니아어로 말하기

회화 1

• De ce nu pleci la munte?　　왜 산에 안 가니?
데 체 누 쁠레치 라 문떼

• Aş pleca la munte, dar n-am timp suficient.
아슈 쁠레까 라 문떼　다르 남 띰쁘 수피치엔뜨
산에 가기 원하나 시간이 충분하지 않다.

회화 2

• De ce n-ai cumpărat acea rochie?　왜 그 원피스를 사지 않았니?
데 체 나이 꿈뻐라뜨 아체아 로끼에

• Aş fi cumpărat-o, dar nu-mi ajungeau banii.
아슈 피 꿈뻐라또　다르 누-미 아준제아우 바니
그 원피스를 사길 원했으나 돈이 모자랐어.

회화 3

• Victor : Ce anotimp îţi place cel mai mult?
빅또르 :　체 아노띰쁘 으찌 쁠라체 첼 마이 물뜨
어느 계절을 가장 좋아하니?

• Mihaela : Bineînţeles că îmi place vara.　당연히 여름을 좋아하지.
미하엘라 :　비네은쨀레스 꺼 으미 쁠라체 바라

• Victor : De ce îţi place vara?　　왜 여름이 좋은데?
빅또르 :　데 체 으찌 쁠라체 바라

• Mihaela : Pentru că putem face o excursie la munte sau înota şi
미하엘라 :　뜨루 꺼 뿌뗌 파체 오 엑스꾸르시에 라 문떼 사우 으노따 쉬
face plajă pe litoral. Vara este un anotimp pentru tineri.
파체 쁠라저 뻬 리또랄 바라 예스떼 운 아노띰쁘　뜨루 띠네리

산으로 피크닉을 갈 수 있고, 아니면 해변에서 수영도 하고 일광욕도 할 수
있으니까. 여름은 젊은이들을 위한 진정한 계절이야.

- Victor : Aşa e.　　　　　　　　　　　　그건 그래.
  빅또르 :　　아샤 예

- Mihaela : De-ar veni vara mai repede...　　빨리 여름이 왔으면...
  미하엘라 :　　데- 아르 베니　바라　마이　레뻬데

5단계

함께 연습하기

1. 괄호 안에 주어진 인칭과 동사를 조건 소망법에 맞게 고치세요.

(3인칭 단수, A sta) câteva zile la munte.

La întoarcere (1인칭 복수, a nu lua) trenul.

(3인칭 단수, A se întoarce) cu autobuzul.

(3인칭 단수, A-şi închipui) că eşti acasă.

(2인칭 복수, A ajunge) mai repede cu maşina.

2. 괄호 안에 주어진 인칭과 동사를 시제에 맞게 조건 소망법으로 고치세요.

S-a stabilit într-un oraş. >

Dacă a vrut, a putut să câştige. >

Dacă ştiam că vine, o aşteptam. >

Nu pierdea avionul, dacă se grăbea. >

3. 인칭대명사 cine를 격에 맞게 변화시키세요.

(누구에게) i-ai dat bani?

(누구를) ai lovit?

(누구의) sunt cămăşile acestea?

(누구의) sunt ochelarii?

4. 괄호 안에 예시된 부정대명사 원형을 성, 수에 맞게 고치세요.

Mai este (vreun) carte pe birou?

Au întâlnit pe (vreunul) dintre colege?

Nu ştiu (아무것도) despre ea.

(아무도) nu vrea să stea de vorbă cu mine.

5. 괄호 안에 지시대명사 celălalt 와 acelaşi의 적합한 형태를 쓰세요.

Ei locuiau în (똑같은) casă unde au stat şi până acum.

Am văzut (다른) tablou.

Ea recita (똑같은) poezii.

Unii colegi au plecat şi (다른) colegi au rămas.

6. 다음을 루마니아어로 옮기세요.

1) 난 이 옷이 맘에 안 들어 다른 것을 살 것이다. (지시대명사 cealaltă)
2) 아버지는 늘 똑같은 양복만 입으신다. (지시대명사 acelaşi)
3) 내가 공부를 많이 했더라면 시험에 합격할 수 있었을 텐데. (조건소망법)
4) 나는 그가 기차를 놓칠 거라고는 믿지 못했다. (조건소망법)
5) 이 연필은 누구의 것 입니까?

문화의 이해

루마니아인의 통과의례와 세시풍속

우리가 과거 굿을 통해 귀신을 쫓는 풍습이나 기우제 그리고 관혼상제의 관습을 지키며 살아온 것처럼, 루마니아인에게도 세대를 거쳐 이어져 내려오는 전통 문화 습관들이 있다. 루마니아의 풍습을 살펴보면 한국과 공통된 부분들이 많이 발견된다. 아기 돌상에 물건을 놓고 아기가 집는 물건에 따라서 아기의 장래를 점치는 돌잡이가 루마니아에서도 발견되어지며, 죽은 사람을 위해 제사 음식을 차리는 것 또한 우리와 루마니아의 공통된 풍습이다. 장례가 있으면 상주는 제사음식인 빵을 많은 이웃들에게 나누어주는데, 이는 죽은 이가 저승길을 갈 때 나눠준 빵의 수만큼 배를 곯지 않고 끼니를 얻으며 간다고 믿기 때문이다.

루마니아에서 젊은 남녀가 만나 결혼을 하게 되면, 먼저 시청 관할 '결혼의 집'에 결혼 신고를 한 후 루마니아 정교회에서 식을 올린다. '결혼의 집'에서 꽃 아치를 만들어 기다리고 있던 친구들은 결혼 신고를 마치고 나오는 신부와 신랑에게 좁쌀 같은 씨앗을 머리위로 뿌린다. 결혼의 행복과 다산을 기원하는 관습으로 우리의 폐백에서 밤과 대추를 던지는 행위와 유사하다. 이 결혼 신고가 끝난 후, 정교회에서 종교 앞의 결혼 서약을 한다. 이 모든 행사가 끝나면 모든 하객이 참석하는 3일간의 파티가 이어지고, 새롭게 탄생한 한 쌍의 부부를 축원한다. 소위 이때부터 신부에게는 3가지의 길이 주어지며, 신랑에게는 1가지의 의무가 주어진다. 아내는 세 가지 길, 즉 집 안마당, 우물, 교회만이 갈 수 있는 공간으로 주어지고, 남자는 하나의 의무인 가족부양에 충실해야 한다. 우리의 '벙어리 3년, 귀머거리 3년' 하는 씩의 이런 의무는 먼 옛날의 이야기처럼 구전될 뿐이다. 혼수품으로 신부는 살림세간과 부의 능력에 따라 토지, 그리고 시골에서는 가축 등을 준비하고, 신랑은 그들이 거주할 집과 농사지을 땅을 마련한다.

루마니아에서 아기가 태어나면, 정교회에서 아기의 이름에 대한 신의 인정(종교 등록)으로 세례식을 행한다. 물론 아기의 이름은 부모와 대부, 대모가 상의하여 정하지만, 만약 교회의 침례 없이 아기가 병들어 죽는다면, 그 아기는 교회의

지하 예배당에 묻힐 자격이 없어 가매장을 하는데, 아기의 영혼은 공간을 떠도는 악령으로 부활한다고 믿고 있다. 따라서 보통 생후 3주내 가능한 한 빨리 세례식을 갖는다. 루마니아 정교회의 침례방식은 먼저 부모와 대부, 대모 4사람이 아기의 이름을 정한 뒤 교회의 사제에게 침례 약속을 한다. 해당되는 날짜에 아기의 엄마만을 제외한 모든 가족과 친척들이 아기를 데리고 교회에 참석한다. 대부와 대모가 아기의 옷을 벗겨 사제의 손에 아기를 건네면, 사제는 아기를 거꾸로 잡고 성자, 성모, 성령을 외치며 성수에 3번 침례한 후 하느님 앞에 아기의 이름을 인정한다.

루마니아 북부 지방에서는 '화환(Cununa)'이라고 불리는 농경축제가 있다. '밀화환' 또는 '수확의 화환'이라고도 불리는 이 농경의식은 삶과 죽음의 순환으로부터 온 밀 씨의 영혼을 상징하며, 이 영혼의 불사성은 과거, 현재 그리고 미래의 순환세계 속에 교차되어 있다. 트란실바니아에서는 수확이 끝난 후 밀 이삭으로 화환을 만들어 마을 처녀의 머리 위에 이 화환을 씌워준다. 이때 젊은이들은 노래를 부르면서 마을을 향해 출발하는데, 그들은 길의 교차로마다 멈추어 서서 화환을 쓴 여인에게 샘물을 뿌리며 내년에도 이어질 풍요로운 수확을 기원한다.

루마니아인은 연말연시에 새해의 모든 일들이 잘 되기를 기원하는 다양한 풍습을 가지고 있다. 미혼 여성들은 먼저 새해에는 결혼을 할 수 있는지 그리고 만약 결혼을 하게 된다면 어느 마을에 사는 어떤 청년과 결혼을 하게 될지 점쳐 본다. 또한 농부들은 일 년 열두 달에 맞게 양파를 열 두 조각으로 잘라 놓아 거기에 고이는 물을 관찰하기도 하는데, 시간이 지나면서 12개의 양파에 생기는 물의 양으로 기상예견을 하기도 한다. 성탄절을 전후해서 아이들은 나뭇가지에 금박별을 단 별 작대기를 들고 노래를 하며, 금박 꽃을 단 '소로꼬바'라는 막대기로 지나가는 사람들의 행복을 기원하기도 한다. 어른들은 다양한 동물(염소, 곰, 양, 사슴 등)의 머리 모양을 흉내 낸 동물가면놀이를 하며, 동물들이 가진 힘이나 민첩함, 용기 그리고 지혜 등을 얻고자 한다.

부 록

· 루마니아 기본문법 정리
· 루마니아어-한국어 기본어휘(사전)
· 함께 연습하기 해답

루마니아 기본문법 정리

1. 명사(Substantivul)의 성(Genul)과 수(Numărul)

루마니아의 모든 명사는 남성(masculin), 여성(feminin), 중성(neutru) 중 하나의 성을 가지고 있다. 중성은 단수일 때 남성 형태를, 복수일 때는 여성 형태를 취한다. 어미로 본 명사의 성과 수 유형은 아래와 같다.

	단수(sg)	복수(pl)
	-자음	-i
남성(m)	-u	-i
	-e	-i
	-자음, -i	-e, -uri
중성(n)	-u	-e, -uri
	-(i)u	-(i)i
	-ă	-e, -i
여성(f)	-e	-i
	-ea, -a	-le

2. 부정관사(Articolul nehotărât)

명사 앞에 위치하는 부정관사는 명사의 성과 수에 따라 형태를 달리하며 격변화를 한다.

	sg		pl
	m, n	f	m, n, f
주격(N), 목적격(Ac)	un	o	niște
소유격(G), 여격(D)	unui	unei	unor

3. 정관사(Articolul hotărât)

정관사는 명사 뒤에 성과 수에 따른 정관사 어미를 붙여 사용한다.

sg			pl		
성	어미 형태	정관사	성	어미 형태	정관사
m, n	-자음 -i	-ul	m	-i	-i
	-u	-l	n	-e -uri -i	-le
	-e	-le			
f	-ă -e	-a	f	-e -i -le	
	-ea -a	-ua			

격변화할 때는 정관사 어미가 변형된다.

	sg			pl		
	m	n	f	m	n	f
N, Ac	-(u)l, -le		-(u)a	-i	-le	
G, D	-(u)lui		-i	-lor		

4. 호격(Vocativul) 어미

호격은 누구를 호명 할 때 필요로 하는데, 호격은 주격과 동일한 형태를 취하는 경우가 많으며 때때로 호격어미를 붙여 만들기도 한다.

호격 = 주격	sg		pl	
	m	f	m	f
	-e -ule	-o	-lor	

5. 소유관사(Articolul Posesiv)

소유관사는 소유물과 소유자 사이에 위치하여 소유관계를 명확히 해줄 때 사용되며, 소유물(앞에 있는 명사)의 성과 수를 따른다.

	m, n	f
sg	al	a
pl	ai	ale

6. 지시관사(Articolul Demonstrativ)

명사와 이 명사를 한정하는 형용사를 연결시키는 기능을 하며, 앞에 오는 명사의 성과 수의 지배를 받는다.

	sg		pl	
	m, n	f	m	n, f
N, Ac	cel	cea	cei	cele
G, D	celui	celei	celor	

7. 형용사(Adjectivul)의 유형

형용사는 일반적으로 명사 뒤에 위치하며, 한정하는 명사의 성과 수를 따른다. 루마니아어에는 모두 네 가지 형태의 형용사가 존재한다. 형태 1은 단일 무변화형, 2는 성에 관계없이 단수, 복수형만 존재하는 것, 3과 4는 성과 수에 따라 세 가지 또는 네 가지 형이 모두 존재하는 형용사를 의미한다.

형태	격	sg		pl	
		m, n	f	m	n, f
1	N, Ac	–			
	G, D				
2	N, Ac	–e		–i	
	G, D				
3	N, Ac	Ø	–ă	–i	
	G, D		–i		
4	N, Ac	Ø, –u	–ă	–i	–e
	G, D		–e		

8. 비교급(Gradele de Comparaţie)의 유형

비교급에는 우등, 열등, 동등비교의 세 가지 유형이 있다.

동등비교	la fel tot atât tot aşa	de	형용사	ca	명사, 대명사 목적격
우등비교	mai			decât	
열등비교	mai puţin			ca	

최상급에는 우등, 열등, 절대 최상급의 세 가지 유형이 있다.

우등 최상급	cel (m, sg) cea (f, sg) cei (m, pl) cele (f, pl)	mai	형용사	정관사 없는 명사	din + 명사 단수
					dintre + 명사, 대명사 복수
열등 최상급	cel (m, sg) cea (f, sg) cei (m, pl) cele (f, pl)	mai puţin	형용사	정관사 없는 명사	din + 명사 단수
					dintre + 명사, 대명사 복수

절대최상급은 비교대상 없이 한 대상의 최고정도를 나타낸다. 일반적으로 부사와 형용사로 구성된다.

foarte, prea, tare		형용사
grozav, nemaipomenit, îngrozitor	de	
deosebit, extrem, extraordinar		

최상급에서 형용사의 수식을 직접 받는 명사가 최상급 형태 앞에 올 때는 정관사를 취한다.

정관사 있는 명사	cel (m, sg) cea (f, sg) cei (m, pl) cele (f, pl)	mai	형용사	din + 명사 단수
				dintre + 명사, 대명사 복수

9. 인칭대명사(Pronumele Personal)

		1인칭	2인칭	3인칭		4인칭	5인칭	6인칭	
				m	f			m	f
N		eu	tu	el	ea	noi	voi	ei	ele
G		–	–	lui	ei	–	–	lor	
D	강세	mie	ţie	lui	ei	nouă	vouă	lor	
	비강세	îmi (–)mi(–)	îţi (–)ţi(–)	îi (–)i(–)		(–)ne(–) (–)ni(–)	(–)vă v- (–)vi(–)	(–)le(–) (–)li(–)	
Ac	강세	mine	tine	el	ea	noi	voi	ei	ele
	비강세	(-)mă m-	(-)te(-)	îl –l l–	(-)o	(-)ne(-)	(-)vă v–	îl –i i–	(-)le(-)

- 인칭대명사의 소유격은 3인칭을 제외한 나머지 인칭의 경우 소유형용사/대명사로 대체된다. 3인칭에서 남성, 중성, 여성이 구별된다.
- 여격과 목적격에는 강세형과 비강세형이 존재하는데, 비강세형은 일반적으로 동사 앞에 오며, 강세형은 전치사와 함께 사용되거나 목적격을 강조하기 위해 사용된다. 비강세형이 문장 내에 사용될 때 연결형 축약이 일어난다.

10. 재귀대명사(Pronumele reflexiv)

일반 동사를 재귀동사로 만들 때 동사 앞에 재귀대명사를 사용한다. 재귀동사는 비인칭 행위, 수동, 자연적인 변화, 상호 관계 등의 의미에 사용된다. 재귀대명사에는 여격과 목적격이 있다.

	1인칭	2인칭	3인칭	4인칭	5인칭	6인칭
D	îmi (–)mi(–)	îţi (–)ţi(–)	îşi (–)şi(–)	(–)ne(–) ni(–)	(–)vă vi(–)	îşi (–)şi(–)
Ac	(–)mă m–	(–)te(–)	(–)se s–	(–)ne(–)	(–)vă v–	(–)se s–

11. 강조대명사(Pronumele de întărire)

강조 대명사는 영어의 oneself와 비슷한 뜻으로 '그 자신, 그 자체'의 의미를 가지는데,
특정 목적물을 정확히 명시하며 명사 또는 대명사를 동반한다.

	sg		pl	
	m, n	f	m	n, f
1인칭	însumi	însămi	înşine	însene
2인칭	însuţi	însăţi	înşivă	însevă
3인칭	însuşi	însăşi	înşişi	înseşi

12. 근거리 지시대명사/형용사(Pronumele şi Adjectivul demonstrativ de apropiere)

가까운 거리를 가리키는 근거리 지시형용사는 수식하는 명사의 성과 수에 따라 변형된
다. 지시형용사는 명사 앞에 오며 이때 한정되는 명사는 관사를 가지지 못한다.

	sg		pl	
	m, n	f	m	n, f
N, Ac	acest	această	aceşti	aceste
G, D	acestui	acestei	acestor	

근거리 지시대명사가 형용사로서 명사를 수식할 경우에는 명사 뒤에 오며, 이때 명사는
필히 정관사를 취한다. 명사를 생략한 지시대명사 단독으로 사용될 수 있다.

	sg		pl	
	m, n	f	m	n, f
N, Ac	acesta	aceasta	aceştia	acestea
G, D	acestuia	acesteia	acestora	

축약된 구어 표현도 자주 사용되는데, 용법은 지시대명사와 동일하다.

	sg		pl	
	m, n	f	m	n, f
N, Ac	ăsta	asta	ăştia	astea

13. 원거리 지시대명사 / 형용사(Pronumele şi Adjectivul demonstrativ de depărtare)

먼 거리를 가리키는 원거리 지시형용사는 수식하는 명사의 성과 수에 따라 변형된다. 지시형용사는 명사 앞에 오며 이때 한정되는 명사는 관사를 가지지 못한다.

	sg		pl	
	m, n	f	m	n, f
N, Ac	acel	acea	acei	acele
G, D	acelui	acelei	acelor.	

원거리 지시대명사가 형용사로서 명사를 수식할 경우에는 명사 뒤에 오며, 이때 명사는 필히 정관사를 취한다. 명사를 생략한 지시대명사 단독으로 사용될 수 있다.

	sg		pl	
	m, n	f	m	n, f
N, Ac	acela	aceea	aceia	acelea
G, D	aceluia	aceleia	acelora	

축약된 구어 표현도 자주 사용되는데, 용법은 지시대명사와 동일하다.

	sg		pl	
	m, n	f	m	n, f
N, Ac	ăla	aia	ăia	alea

14. 지시대명사 / 형용사(Pronumele şi Adjectivul demonstrativ) CELĂLALT

형용사와 대명사적 용법의 형태는 같으며, 둘 또는 그 이상의 대상 중 두 번째 또는 거론된 대상 이외의 다른 대상들을 가리킬 때 사용한다.

	sg		pl	
	m, n	f	m	n, f
N, Ac	celălalt	cealaltă	ceilalţi	celelalte
G, D	celuilalt	celeilalte	celorlalţi	celorlalte

15. 지시대명사 / 형용사(Pronumele şi Adjectivul demonstrativ) ACELAŞI

형용사와 대명사적 용법의 형태는 같으며, 언급되거나 인지된 것(사람)과 동일한 대상을 가리킨다.

	단수		복수	
	m, n	f	m	n, f
N, Ac	acelaşi	aceeaşi	aceiaşi	aceleaşi
G, D	aceluiaşi	aceleiaşi	aceloraşi	

16. 소유대명사 / 형용사(Pronumele şi Adjectivul posesiv)

소유형용사는 다른 형용사와 마찬가지로 명사 뒤에 위치하며, 한정하는 명사의 성과 수의 지배를 받는다. 이때 한정되는 명사는 정관사를 취하는 것이 원칙이며, 소유물과 소유자의 관계를 명확히 하기 위해 소유관사(al, a, ai, ale)를 사용하기도 한다. 또한 소유물 없이 소유형용사 앞에 성과 수에 맞는 소유관사를 붙이면 소유대명사가 된다.

	sg			pl		
	m	n	f	m	n	f
1인칭	meu		mea	mei		mele
2인칭	tău		ta	tăi		tale
3인칭	său		sa	săi		sale
	lui		ei	lui		ei
4인칭	nostru		noastră	noştri		noastre
5인칭	vostru		voastră	voştri		voastre
6인칭	lor					

17. 의문 관계대명사(Pronumele interogativ-relativ) CINE

	sg (m, n, f)
N, Ac	cine
G, D	(al, a, ai, ale) cui

18. 의문 관계대명사 / 형용사(Pronumele şi Adjectivul interogativ-relativ) CE

	sg (m, n, f)
N, Ac	ce
G, D	–

19. 의문 관계대명사 / 형용사(Pronumele şi Adjectivul interogativ-relativ) CÂT

		sg		pl	
		m, n	f	m	n, f
N, Ac	형용사	cât	câtă	câţi	câte
	대명사	–			
G, D	형용사		–	câtor	
	대명사			câtora	

20. 의문 관계대명사 / 형용사(Pronumele şi Adjectivul interogativ-relativ) CARE

의문사 '어느, 어떤 (것, 사람)'으로서 의문문을 만드는 경우와 관계사로서 문장 내 관계
절을 이끄는 것이 주요 역할이다.

		sg		pl
		m, n	f	m, n, f
N, Ac	형용사 대명사	care		
G, D	형용사	(소유관사) cărui	(소유관사) cărei	(소유관사) căror
	대명사	(소유관사) căruia	(소유관사) căreia	(소유관사) cărora

21. 부정대명사/형용사(Pronumele şi Adjectivul nehotărât) FIECARE

'각각' 또는 '각자'의 의미를 가진 대명사로 독립적으로 사용되기도 하지만, 명사 앞에
서는 성, 수에 불변하는 형용사(2, 3격에서는 성, 수의 지배를 받음)로 사용된다. 이때 명
사는 정관사 없는 단수형만 올 수 있다.

	형용사		대명사	
	m. n.	f.	m. n.	f.
N, Ac	fiecare			
G, D	fiecărui	fiecărei	fiecăruia	fiecăreia

22. 부정대명사 / 형용사(Pronumele şi Adjectivul nehotărât) TOT

형용사적 용법이나 대명사적 용법이나 형태는 동일하다. 단, 형용사로 사용될 때 뒤에 오
는 명사는 정관사를 취한다. 여격, 소유격은 복수형태만 존재하며 이때 뒤에 오는 명사는

복수 여격, 소유격 형태를 가진다.

	sg		pl	
	m. n.	f.	m. n.	f.
N, Ac	tot	toată	toţi	toate
G, D	–		tuturor	

23. 부정대명사 / 형용사(Pronumele şi Adjectivul nehotărât) UNUL과 UN

		sg		pl	
		m, n	f	m	n, f
형용사	N, Ac	un	o	unii	unele
	G, D	unui	unei	unor	
대명사	N, Ac	unul	una	unii	unele
	G, D	unuia	uneia	unora	

24. 부정대명사 / 형용사(Pronumele şi Adjectivul nehotărât) ALT

		sg		pl	
		m, n	f	m	n, f
형용사	N, Ac	alt	altă	alţi	alte
	G, D	altui	altei	altor	
대명사	N, Ac	altul	alta	alţii	altele
	G, D	altuia	alteia	altora	

25. 부정대명사 / 형용사(Pronumele şi Adjectivul nehotărât) VREUN

		형용사		대명사	
		m, n	f	m	n, f
sg	N, Ac	vreun	vreo	vreunul	vreuna
	G, D	vreunui	vreunei	vreunuia	vreuneia
pl	N, Ac	(vreunii)	(vreunele)	vreunii	vreunele
	G, D	vreunor		vreunora	

26. 부정대명사 / 형용사(Pronumele şi Adjectivul nehotărât) CINEVA와 CEVA

N, Ac	cineva	ceva
G, D	cuiva	–

27. 부정대명사 / 형용사(Pronumele şi Adjectivul nehotărât) CÂTVA

		sg		pl	
		m, n	f	m	n, f
N, Ac	형용사	câtva	câtăva	câţiva	câteva
	대명사	–			
G, D	형용사	–		câtorva	
	대명사				

28. 부정대명사 / 형용사(Pronumele şi Adjectivul negativ) NICI UNUL

		sg	
		m, n	f
형용사	N, Ac	niciun	nicio
	G, D	niciunui	niciunei
대명사	N, Ac	niciunul	niciuna
	G, D	niciunuia	niciuneia

29. 부정대명사(Pronumele negativ) NIMENI와 NIMIC

N, Ac	nimeni	nimic
G, D	nimănui	–

30. 기수(Numeralul cardinal)

부정관사 un과 o는 명사 앞에서 수사의 기능을 하기도 한다. unu와 una는 수사로 수를 세거나 가리킬 때 사용한다. unu는 남성과 중성에, una는 여성에 사용되며, doi와 două, doisprezece와 douăsprezece 역시 마찬가지이다.

0	zero	10	zece	20	douăzeci
1	unu(m) / un una(f) / o	11	unsprezece	30	treizeci
2	doi(m) două(f)	12	doisprezece(m) douăsprezece(f)	40	patruzeci
3	trei	13	treisprezece	50	cincizeci
4	patru	14	paisprezece	60	şaizeci
5	cinci	15	cin(ci)sprezece	70	şaptezeci
6	şase	16	şaisprezece	80	optzeci
7	şapte	17	şaptesprezece	90	nouăzeci
8	opt	18	optsprezece	100	o sută (sute)
9	nouă	19	nouăsprezece	1000	o mie (mii)

숫자의 마지막 두 자리가 1-19인 경우에는 단위 명사를 그냥 사용하지만, 20-100인 경우에는 단위명사 앞에 전치사 de를 사용하여야만 한다.

1-19 101-119 201-219 … 1001-1019 10001-10019	+ 단위명사	20-100 120-200 220-300 … 1020-1100 10020-10100	+ de + 단위명사

31. 서수(Numeralul ordinal)

서수는 명사의 성에 일치시킨다. întâi는 성에 지배를 받지 않는 무변화 수사이자 동시에 변화수사로도 사용되며, 복수형이 존재한다. 서수가 명사 앞에 올 때 뒤에 오는 명사는 정관사를 취하지 않으나, 명사가 서수 앞에 올 때는 필히 정관사를 가진다.

	m. sg.	f. sg.	m. pl.	f. pl.		
1	întâi(ul)	întâia	întâii	întâile	6	al şaselea, a şasea
		dintâi				
	primul	prima	primii	primele		
2	al doilea, a doua				7	al şaptelea, a şaptea
3	al treilea, a treia				8	al optulea, a opta
4	al patrulea, a patra				9	al nouălea, a noua
5	al cincilea, a cincea				10	al zecelea, a zecea

32. 동사(Verbul) – 직설법, 현재시제(Modul Indicativ, Timpul Prezent)

루마니아어 동사는 5가지 기본형 어미형태(-a, -î, -ea, -e, -i) 만을 가진다. 동사의 원형을
표시할 때는 동사 앞에 a를 표기하여 원형임을 명시한다. 규칙 동사일 경우 -ea와 -e 어
미를 가진 동사는 한 가지 변화 유형을 가지지만, -a, -î, -i 어미 동사는 두 가지 유형을
가진다. 동사 활용시 어간에 모음 또는 자음변환이 일어나는 경우가 많다.

인칭	-a		-î		-ea	-e	-i	
1	-∅	-ez	-∅	-ăsc	-∅	-∅	-esc
2	-i	-ezi	-i	-ăşti	-i	-i	-eşti
3	-ă	-ează	-ă	-ăşte	-e	-e	-eşte
4	-ăm	-ăm	-âm	-âm	-em	-im	-im
5	-aţi	-aţi	-âţi	-âţi	-eţi	-iţi	-iţi
6	-ă	-ează	-ă	-ăsc	-∅	-∅	-esc

33. 동사(Verbul) – 불완료과거 시제(Timpul Imperfect)

불완료과거 시제는 과거 시제의 한 형태로 과거에 시작된 어떤 행위나 행동이 말하는 현
시점에도 완료되지 않고 진행 중인 경우에 사용된다. 말하는 시간 이전에 일어났던 완성
되지 못한 지속적 행위나 반복적인 과정을 표시하는데, 옛일이나 이야기 등을 구연할 때
도 흔히 사용된다.

	1인칭	2인칭	3인칭	4인칭	5인칭	6인칭
-a, -î	-am	-ai	-a	-am	-aţi	-au
-ea, -e -i	-eam	-eai	-ea	-eam	-eaţi	-eau

34. 동사(Verbul) – 복합과거 시제(Timpul Perfectul Compus)

복합과거는 과거 시제의 한 형태로 과거에 시작된 어떤 행위나 행동이 말하기 직전 또는 동시에 완료된 경우에 사용된다. 흔히 영어에서 '현재완료(have + pp)'라 부르는 시제와 동일하며, 만드는 방법은 "조동사 + 과거분사(participiu)"이다.

인칭	복합과거	
1	am	
2	ai	
3	a	+ 과거분사
4	am	
5	aţi	
6	au	

35. 동사(Verbul) – 미래시제(Timpul Viitor)

루마니아어 미래시제에는 세 가지 유형이 있으며, 말하는 시간 이후에 일어날 미래의 행동이나 행위를 표현한다.

인칭	1	2	3	4	5	6	
1형태	voi	vei	va	vom	veţi	vor	+ 동사원형
2형태				o			+ să 접속법
3형태	am	ai	are	avem	aveţi	au	

36. 접속법(Modul Conjunctiv)

루마니아어에서는 접속법이 자주 사용되는데, 실현될 수 있거나 가능한 행동 표현에 사용한다. a vrea(원하다), a trebui(해야만 한다), a putea(할 수 있다) 등과 같은 조동사나 일반 동사 다음에 접속법을 사용한다. 형식은 '조동사(일반동사) + să 접속법'이며, 현재 시제는 아래 표와 같다.

인칭		-a		-î		-ea	-e	-i	
1	să	-Ø	-ez	-Ø	-ăsc	-Ø		-Ø	-esc
2		-i	-ezi	-i	-ăști	-i		-i	-ești
3		-e	-eze	-e	-ască	-ă		-ă	-ească
4		-ăm		-âm		-em		-im	
5		-ați		-âți		-eți		-iți	
6		-e	-eze	-e	-ască	-ă		-ă	-ească

접속법 완료시제는 아래와 같이 만든다.

인칭	1	2	3	4	5	6
형태			să fi + 과거분사			

37. 조건 소망법(Modul Optativ-Condiţional)

조건 소망법은 조건 성취 이후와 희망을 이루고자 하는 행동이나 행위 그리고 가능성을 표현하는 방식이다.

인칭	1	2	3	4	5	6	
현재	aş	ai	ar	am	aţi	ar	+ 동사원형
완료							+ fi + 과거분사

38. 현재분사(Modul Gerunziu)

현재분사는 동사 변화형의 하나로 말하는 시점에서 연관된 현재 진행 중인 사건이나 행위를 수식하는 서술적 용법이나 분사 구문에 사용된다. 영어의 동명사와 유사하다. 현재분사의 부정형은 현재분사 앞에 부정접두어 ne-를 붙이며, mai 등과 같은 부사어가 올 때는 ne와 현재분사 사이에 위치한다. 현재분사를 만드는 법은 동사 어간에 현재분사 어미 -ând, -ind를 붙여 완성한다.

동사	-a	-ea	-e	-î	-i	-ia	-ie
현재분사	-ând				-ind	-ind	

39. 과거분사(Modul Participiu)

과거분사는 동사의 어미에 따라 크게 두 유형(-t, -s)으로 나눈다. 과거분사는 문장 속에서 복합과거 형을 만들지만, 단독으로 사용될 때는 형용사나 명사의 기능을 가지기도 한다.

동사유형	-a	-î	-i	-ea	-e			
과거분사	-at	-ât	-it	-ut	-ut	-s	-rt	-pt

40. 목적분사(Modul Supin)

목적분사는 '전치사 + 과거분사'로 이루어진 구문으로 가능성, 필요, 목적 등의 의미를 나타낸다.

명사	전치사 (de, la, pentru ...)	과거분사
동사		

41. 부사(Adverbul)

루마니아어의 부사는 foarte, prea와 같이 독립된 형태를 가진 것도 있으나 대부분 형용사의 남성 단수형을 기본으로 취한다. 형용사가 명사의 성과 수에 따라 변하는 것과 달리 동사, 형용사, 다른 부사를 수식하는 부사는 그 형태가 변하지 않는다.
부사의 최상급에는 성과 수에 관계없이 남성단수 지시관사 cel만 사용되고, 부사는 변화하지 않는다.

cel mai (우등)	부사	din	명사 단수
cel mai puţin (열등)		dintre	명사, 대명사 복수

42. 인칭대명사, 재귀대명사 비강세형의 연결 어순(Topica formelor neaccentuate ale pronumelui personal şi reflexiv faţă de verb)

루마니아어에는 직접목적어가 두 번 사용되는 경우가 많다. 명사나 대명사를 통해서뿐만 아니라 인칭대명사를 통해서도 중복된다. 문장 내에 인칭대명사 3격(여격) 또는 4격(목적격) 비강세형이 오는 경우, 형태에 따라 연결형과 축약이 이루어진다. 인칭대명사 3격과 4격이 동시에 오는 경우, '3격 + 4격의 어순'으로 구성되는 것이 원칙이다.

A. 현재시제와 불완료과거 시제에서 인칭대명사 3격(여격) 또는 4격(목적격) 비강세형은 모두 동사 앞에 위치한다. 인칭대명사 3격과 4격이 함께 올 때의 연결형은 아래와 같다.

Mi-l, Ţi-l, I-l, Ni-l, Vi-l, Li-l Mi-o, Ţi-o, I-o, Ne-o, V-o, Le-o Mi-i, Ţi-i, I-i, Ni-i, Vi-i, Li-i Mi le, Ţi le, I le, Ni le, Vi le, (Li le)	+ 동사

B. 복합과거 시제에서 인칭대명사 여격과(또는) 목적격이 올 때는 복합과거의 조동사 앞에 위치하며, 연결형을 취한다. 목적격 3인칭 여성단수 o는 유일하게 과거분사 뒤에 위치한다.

D	mi-a, ţi-a, i-a, ne-a, v-a, le-a	+ 과거분사
Ac	m-a, te-a, l-a, ne-a, v-a, i-a/ le-a	

3격과 4격이 함께 오는 경우는 Mi l-a dat. Mi i-a dat. Mi le-a dat. Mi-a dat-o. …와 같이 분리된다.

C. 현재분사

현재분사의 직접, 간접 목적어로 인칭대명사와 재귀대명사는 현재분사 뒤에 위치하며, 인칭대명사 3격과 4격이 함께 오는 경우 3격 + 4격 순으로 나열한다. 인칭대명사 목적격 여성 'o'를 제외한 나머지의 경우 현재분사와 대명사 사이에는 유음을 위해 -u-를 붙인다. 여성 목적격 'o'는 그대로 붙고, 다른 대명사는 모음 -u 다음에 붙는다.

예시	**+ 인칭대명사 3격, 4격, 재귀대명사**
	văzându-mă, -te, -l, -i, -le, (-se) văzând-o dându-mi, -ţi, -i, -ne, -vă, -le, (-şi)
현재분사	**+ 인칭대명사 3격 + 인칭대명사 4격**
	-mi-l, -ţi-l, -i-l, -ni-l, -vi-l, -li-l -mi-o, -ţi-o, -i-o, -ne-o, -v-o, -le-o -mi-i, -ţi-i, -i-i, -ni-i, -vi-i, -li-i -mi-le, -ţi-le, -i-le, -ni-le, -vi-le, -li-le

D. să 접속법에서 인칭대명사 여격, 목적격 비강세형은 접속사 să 와 본동사 사이에 위치한다. 인칭대명사 목적격 비강세형 3인칭 남성 단수(îl), 복수(îi) 그리고 여성 단수(o)의 경우 연결형 축약이 일어나며, 여격 비강세형의 경우 1, 2, 3인칭(îmi, îţi, îi) 단수에서 연결형 축약이 일어난다.

D	să-mi, să-ţi, să-i, să ne, să vă, să le	+ 본동사
Ac	să mă, să te, să-l / s-o, să ne, să vă, să-i / să le	

E. 명령법에서는 동사(명령어) 다음에 인칭대명사 3격, 4격 비강세형이 오며, 연결형을 취한다. 3격과 4격이 동시에 올 때는 '3격 + 4격의 어순'이다.

43. 법과 시제에 따른 불규칙 동사 유형 예시(Verbe neregulate)

	a fi	a da	a sta	a şti	a avea
직설법 현재	sunt eşti este suntem sunteţi sunt	dau dai dă dăm daţi dau	stau stai stă stăm staţi stau	ştiu ştii ştie ştim ştiţi ştiu	am ai are avem aveţi au
불완료과거	eram erai era eram eraţi erau	dădeam dădeai dădea dădeam dădeaţi dădeau	stăteam stăteai stătea stăteam stăteaţi stăteau	ştiam ştiai ştia ştiam ştiaţi ştiau	aveam aveai avea aveam aveaţi aveau
접속법	să	fiu fii fie fim fiţi fie să dea	să stea	să ştie	să aibă
과거분사	fost	dat	stat	ştiut	avut

	a bea	a lua	a vrea	a mânca
직설법 현재	beau bei bea bem beţi beau	iau iei ia luăm luaţi iau	vreau vrei vrea vrem vreţi vor	mănânc mănânci mănâncă mâncăm mâncaţi mănâncă
불완료과거	beam beai bea beam beaţi beau	luam luai lua luam luaţi luau	vream vreai vrea vream vreaţi vreau	mâncam mâncai mânca mâncam mâncaţi mâncau
접속법	să bea	să ia	să vrea	să mănânce
과거분사	băut	luat	vrut	mâncat

일러두기

– 명사의(　)는 복수형이며, m은 남성, n은 중성, f는 여성, sg는 단수, pl은 복수
– prep.는 전치사, a는 형용사, av.는 부사
–형용사는 m.sg, f.sg, m.pl, f.pl순으로 표기하는 것을 원칙으로 함.
– 동사의 (　)는 인칭에 따른 변화 형태로 1인칭 동사 유형 예시

A

abia, av • 겨우, 이제, 거의

acasă • 집에, 집으로

acel, acea, acei, acele, a • 저–, 저것

acela, aceea, aceia, acelea • 저것(대명사)

acest, această, aceşti, aceste, a • 이–, 이것

acesta, aceasta, aceştia, acestea • 이것 (대명사)

acolo, av. • 저기

acoperi (acopăr) • 덮다

acoperiş (acoperişuri) n • 지붕

acum • 지금, –전에

adevărat, adevărată, adevăraţi, adevărate • 진실의, 확실한

aduce (aduc) • 가져오다

afară, av. • 밖(에)

afla (aflu) • 알다(a se afla 있다)

aici, av • 여기

ajunge (ajung) • 도착하다, 이르다

ajuta (ajut) • 돕다, 도와주다

ajutoare (ajutoare) f • 여자 조력자

ajutor (ajutori) m • 남자 조력자

ajutor (ajutoare) n • 조력, 도움, 지지

alb, albă, albi, albe, a • 흰색의

alfabet (alfabete) n • 알파벳, 자모

alerga (alerg) • 달리다

alo! • 여보세요! 여기!

amabil, ambilă, amabili, amabile • 친절한

amâna (amân) • 연기하다, 뒤로 미루다

amândoi, amândouă • 둘 다, 양쪽 다(집 합수)

amiază (amiezi) f • 정오

aminte av. a-şi aduce aminte • 기억나다, 회상하다

an (ani) m • 년, 해 (Anul Nou 새해)

anotimp (anotimpuri) n · 계절

antinevralgic (antinevralgice) n · 진통제, 항 신경제

apă (ape) n · 물

aperitiv (aperitive) n · 전채요리

apoi · 후에, 뒤에

aprilie m · 4월

apropia (apropii) · 오게 하다, 가까이 가다, (vr) 접근하다, 다가가다

apropiat, -ă, -ţi, -te · 가까운, 근접한

arde (ard) · 태우다, 타다

armată (armate) f · 군대

ars, arsă, arşi, arse · 탄, 그을린

artist (artişti) m · 예술가

arunca (arunc) · 버리다, 내던지다

asculta (ascult) · 듣다, 순응하다

ascultător, ascultătoare, ascultători, ascultătoare, a · 순종의, 복종의, (m, f) 청취자

aseară · 어제 저녁에

asistent (asistenţi) m · 보조원, 조수

asistentă (asistente) f · 여보조원, 여조수

aspirină (aspirine) f · 아스피린

astăzi (=azi) av. · 오늘

asupra prep. · 쪽으로, 대하여

aşa a, av · 그런, 그렇게, 이와 같은, 따라서

(se) aşeza (aşez) · 앉히다, 놓다(앉다, 자리 잡다)

aştepta (aştept) · 기다리다

atât a, av · 그렇게, 그만큼

atât de · 아주, 매우(=aşa de, foarte)

atâţia, atâtea, a · 그렇게 많은

atent · 주의의, 조심스런

ateriza (aterizez) · 착륙하다, 땅에 내려앉다

atunci · 그때, 그 당시

aude (aud) · 듣다

august m · 8월

autobuz (autobuze) n · 버스

avea (am) · 가지다

avion (avioane) n · 비행기

bagaj (bagaje) n · 여행 짐, 가방

baie (băi) f · 욕실

balcon (balcoane) n · 발코니

ban (bani) m · 돈, 화폐단위

bancă (bănci) f · 은행, 벤치, 긴 의자

basm (basme) n · 동화, 민담

bate (bat) · 때리다, 치다

băiat (băieţi) m · 소년, 청년

bărbat (bărbaţi) m · 사내, 남자

băutură (băuturi) f · 음료

bea (beau) · 마시다

bere (beri) f · 맥주

bibliotecă (biblioteci) f · 도서관

bicicletă (biciclete) f • 자전거

bilet (bilete) n • 티켓, 표

bine, av • 좋은, 멋진

bineînţeles av. • 물론, 당연히

birou (birouri) n • 서재, 사무실

bolnav, bolnavă, bolnavi, bolnave • 아
  픈, 병든

brad (brazi) m • 전나무

braţ (braţe) n • 팔

bucată (bucăţi) f • 조각

buchet (buchete) n • 부케, (꽃)다발

bucurie (bucurii) f • 기쁨

(se) bucura (bucur) • 기쁘게 하다, 기쁘다

bucuros, bucuroasă, bucuroşi, bucuroase
  • 기쁜

bun, bună, buni, bune, a • 좋은

bunic (bunici) m • 할아버지

bunică (bunice) f • 할머니

ca, av. • –와 같은, –처럼

cabinet (cabinete) n • 사무실, 집무실, 부
  스, 의원

cafea (cafele) f • 커피

caiet (caiete) n • 공책, 노트

caisă (caise) f • 살구

cald, caldă, calzi, calde • 따뜻한

calitate (calităţi) f • (품)질

cam • 대략, 약

cameră (camere) f • 방

cantitate (cantităţi) f • 양, 분량

cap (capete) n • 머리, 절정, 꼭대기(capi)
  m 우두머리, 대장

care • 어떤(것, 사람) (의문관계대명사)

carte (cărţi) f • 책, 카드(carte de credit 신
  용카드)

cartier (cartiere) n • 지역

cartof (cartofi) m • 감자

casă (case) f • 집

casnică (casnice) f • 가정주부

că • (접속사, 관계대명사)영어의 that에 해당.

căci • 왜냐면, 때문에

cădea (cad) • 떨어지다, 넘어지다

călător (călători) m • 여행객

călători (călătoresc) • 여행하다

căldură (călduri) f • 더위

cămaşă (cămăşi) f • (드레스)셔츠

cămin (căminuri / cămine) n • 기숙사

căsători (căsătoresc) • 결혼시키다 (a se
  căsători 결혼하다)

căsătorit, -ă, -ţi, -e • 결혼한

către prep. • 쪽으로, 대해서

căţel (căţei) m • 강아지

căuta (caut) • 찾다

câmp (câmpuri, câmpi) n, m • 들(판)

când • 언제, -때(Pe când -하는 동안)

cândva • 언젠가

cânta (cânt) • 노래하다, 노래 부르다, 악기
연주하다

câştiga (câştig) • 이기다, 벌다

cât, av • 얼마나 (많이)-의문부사

cât, câtă, câţi, câte • 어느, 얼마

câte prep. • 각각, 모두, -씩

câtva, câtăva, câţiva, câteva • 몇몇 개의,
얼마간

câţi, câte • 얼마나 (많이)-의문대명사

ce • 무엇이

ceas (ceasuri) n • 시계

centru (centre) n • 중심, 가운데

cer (ceruri) n • 하늘, 천체

cere (cer) • 원하다, 바라다

ceva • 무언가, 어떤 것(부정대명사)

cheie (chei) f • 열쇠

chelner (chelneri) m • 웨이터

chelneriţă (chelneriţe) f • 웨이트리스

chema (chem) • 부르다, 호칭하다

chiar av. • 심지어, -조차, 방금, 바로

chimie, f • 화학

chitanţă (chitanţe) f • 영수증

ci • 그러나, 오히려(부정에 대한 강한 긍정)

cine • 누구, 누가

cinema (cinemauri) n • 영화관

cinematograf (cinematografe) n • 영화관

cineva • 누군가, 아무나(부정대명사)

ciocolată (ciocolate) f • 초콜릿

ciorbă (ciorbe) f • 치오르바(신맛이 나는
루마니아 전통스프)

cireaşă (cireşe) f • 체리

citi (citesc) • 읽다

clasă (clase) f • 등급, 학급

clădire (clădiri) f • 건물

client (clienţi) m • 남자 손님

clientă (cliente) f • 여자 손님

coace (coc) • 익히다

coase (cos) • 꿰매다, 바느질하다

coborî (cobor) • 내려가다, 내리다

codru (codri) m • 숲

cofetărie (cofetării) f • 커피숍

coleg (colegi) m • 남자 동료

colegă (colege) f. • 여자 동료

colibă (colibe) f • 오두막

comanda (comand) • 주문하다, 명령하다

comedie (comedii) f • 희극, 코미디, 웃기는 일

compartiment (compartimente) n • 기차
의 객실

concert (concerte) n • 콘서트

conduce (conduc) • 이끌다, 운전하다

conform prep. • -와 상응하여

consoană (consoane) f • 자음

construi (construiesc) • 건축하다, 세우다

consulta (consult) • 상담하다, 상의하다

cont (conturi) n • 구좌, 계좌, 계정

contra prep. • 향해서, 반대해서

contrar prep. • -와 달리

copil (copii) m • 어린이

Coreea • 대한민국, 정식 국호는 Republica
Coreea (남한 Coreea de Sud)

corp (corpuri) n • 몸, 신체

costum (costume) n • 제복, 양복

coş (coşuri) n • 바구니

covor (covoare) n • 양탄자

crede (cred) • 믿다

credit (credite) n • 신용, 신뢰

creion (creioane) n • 연필

creşte (cresc) • 자라다, 기르다

cu • -와 함께

(se) culca (culc) • 재우다 (자다)

culege (culeg) • 채집하다, 수집하다, 수확
하다.

cules (culesuri) n • 수확(시기)

cum, av • 어떻게, 어떤

cuminte(sg), cuminţi(pl) • 얌전한

cumnat (cumnaţi) m • 아주버니, 처형, 처
남, 도련님

cumnată (cumnate) f • 형수, 제수, 시누이,
올케

cumpăra (cumpăr) • 구입하다, 사다

cumva • 어떻게 해서든지

cunoaşte (cunosc) • 알다, 인지하다

curaj (curajuri) n • 용기

curând av • 곧, 즉시 (în curând 이내, 곧
pe curând 안녕, 곧 다시보자!)

curent (curente) n • 흐름, 기류, 사조

curs (cursuri) n • 수업, 흐름

da • 예

da (dau) • 주다

dacă • 만약 −한다면(조건절)

dată (date) f • 날짜, 자료, 정보

datorie (datorii) f • 의무, 빚

datorită prep. • −로, 때문에, 덕분에

dar • 하지만, 그러나

de prep. • −의, −로부터

deasupra prep. • −위에

decât av. • −보다(비교급)

decembrie m • 12월

deci • 결국, 그래서

decola (decolez) • 이륙하다

deja av. • 이미, 벌써 오래전에

deoarece • 때문에

deosebi (deosebesc) • 구별하다, 나누다

deosebire (deosebiri) f • 차이점, 변별, 구
별

deosebit, -ă, -ţi, -e • 특별한, 다른

departe, av • 멀리

depinde (depind) • −에 달려있다

deranja (deranjez) • 방해하다, 간섭하다, 고장 나다

deschide (deschid) • 열다

deseară • 오늘 저녁에

desert (deserturi) n • 디저트

desigur • 물론, 당연히

despre prep. • −대하여

deşi • 할지라도, 불구하고

deştept, -ă, -ţi, -e • 똑똑한

devreme • 이른, 빠른

diaree f. • 설사

dicţionar (dicţionare) n • 사전

diferit • 다른

dificil, -ă, -i, -e • 어려운

digestie (digestii) f • 소화

dimineaţă (dimineţi) f • 아침, 오전

din, prep. • −에서, −로부터

dintre • 사이에, 사이로부터

discuta (discut) • 토론하다

(se) distra (distrez) • 즐기다, 재미있게 놀다

distracţie (distracţii) f • 유희, 놀이

doamnă (doamne) f • 부인 Mrs

doctor (doctori) m • 남의사, 남자 박사

doctoriţă (doctoriţe) f • 여의사, 여자 박사

domn (domni) m • 신사 Mr

domnişoară (domnişoare) f • 아가씨 Miss

dor (doruri) n • 그리움, 한

dori (doresc) 원하다

dormi (dorm) • 잠자다

dormit n • 잠, 휴식

drept (drepturi) n • 법, 권리

drept, dreaptă, drepţi, drepte • 올바른, 오른(쪽)

dreptate (dreptăţi) f • 정의, 공정, 옳음 (a avea dreptate 옳다)

drum (drumuri) n • 길, 여정

duce (duc) • 가져가다(a se duce 가다 = a merge)

dulce, dulci, a • 단, 달콤한

duminică f • 일요일

dumneavoastră • 당신(인칭대명사 2인칭 존칭)

după, prep. • −후, 후에

dura (durează) • 소요되다, 걸리다

durea (doare, dor 3인칭) • 아프게 하다

durere (dureri) f • 고통, 아픔

dus-întors • 왕복(의)

duş (duşuri) n • 샤워

echipă (echipe) f • 팀, 패거리

ecran (ecrane) n • 화면

elev (elevi) m • 남학생

elevă (eleve) f • 여학생

etaj (etaje) n • 층

exact, exactă, exacţi, exacte a, av • 정확
한, 정확히

examen (examene) n • 시험

examina (examinez) • 관찰하다, 시도하
다, 시험보다, 진찰하다

excursie (excursii) f • 피크닉, 소풍, 짧은
여행

exemplu (exemple) n • 예, 보기

exerciţiu (exerciţii) n • 연습, 훈련

explica (explic) • 설명하다

expoziţie (expoziţii) f • 전람회

face (fac) • −하다

facultate (facultăţi) f • 학부(단과대학), 학
과

familie (familii) f • 가족

fapt (fapte) n • 사실

farmacie (farmacii) f • 약국

fată (fete) f • 소녀

fără • 없이

febră (febre) f • 열

februarie m • 2월

fel (feluri) n • 종류

felicita (felicit) • 축하하다

felicitare (felicitări) f • 축하, 축전, 카드

femeie (femei) f • 여성

fereastră (ferestre) f • 창(문)

ferici (fericesc) • 행복하다, 행복하게 만들
다

fericire (fericiri) f • 행복

fetiţă (fetiţe) f • 어린 소녀

fi (sunt, eşti, este, suntem, suteţi, sunt) •
−이다

fiecare • 각각, 각자(부정대명사, 불변형용사)

fierbe (fierb) • 끓이다

fiică (fiice) f • 딸

fiindcă • 때문에

film (filme) n • 필름, 영화

final (finale) n • 마지막 단계, 끝, 대단원

final, -ă, -i, -e • 마지막의, 최후의

finală (finale) f • 마지막 조항, 결승, 피날
레

firmă (firme) f • 회사

fiu (fii) m • 아들

fix, fixă, ficşi, fixe, a, av • 고정된, 불변의

foame, f • 배고픔

foarte • 매우, 아주

folosi (folosesc) • 이용하다, 사용하다

fotbal, n • 축구

fotografie (fotografii) f • 사진

fractura (fracturez) • 부수다, 깨뜨리다

frate (fraţi) m • 형제

frică (frici) f • 두려움

frig (friguri) n • 추위

frige (frig) • 굽다

friptură (fripturi) f • 스테이크

fruct (fructe) f • 과일

fructifer, -ă, -i, -e • 과실의, 과일의

frumos, frumoasă, frumoşi, frumoase •
　아름다운

fugi (fug) • 도망가다, 쫓다

funcţiona (funcţionez) • 작동하다

garaj (garaje) n • 차고

gară (gări) f • (기차)역

garnitură (garnituri) f • 곁들임 요리 side
　dish

găsi (găsesc) • 발견하다

gândi (gândesc) • 생각하다

geam (geamuri) n • 유리

general, -ă, -i, -e • 일반적인

gheată (ghete) f • 구두(단화)

gheaţă (gheţuri) f • 얼음

ghişeu (ghişee) n • 창구

ginere (gineri) m • 사위

glumă (glume) f • 농담, 유희, 장난

grăbi (grăbesc) • 서두르다, 재촉하다

grădină (grădini) f • 정원

greşi (greşesc) • 실수하다

greu • 어려운, 무거운

grijă (griji) f • 조심, 주의, 걱정(a avea
　grijă de… …을 돌보다, 걱정하다, 조심
　하다)

gripă (gripe) f • 독감

gură (guri) f. • 입

gustos, gustoasă, gustoşi, gustoase • 맛있
　는

haină (haine) f • 옷

harnic, harnică, harnici, harnice • 부지런
　한

hârtie (hârtii) f • 종이

hotărî (hotărăsc) • 결심하다, 결정하다

hotel (hoteluri) n • 호텔

ianuarie m • 1월

iar • 그러나, 그리고, 한편

iarnă (ierni) f • 겨울

iată • 자, 여기!

ieri • 어제

ieşi (ies) • 나오다

imagina (imaginez) • 상상하다, 공상하다
　(3격 및 재귀동사로 많이 쓰임)

imediat • 즉석의, 즉시, 바로

important, importantă, importanţi, importante • 중요한

inferior, inferioară, inferiori, inferioare • 열등한

informaţie (informaţii) f • 정보

inginer (ingineri) m • 기술자

inimă (inimi) f • 심장, 마음

interesa (interesez) • 흥미롭게 하다, 관심 갖게 하다

interesant, interesantă, interesanţi, interesante • 흥미로운

intra (intru) • 들어가다

intrare (intrări) f • 입구, 들어가기, 입장

invita (invit) • 초대하다

invitaţie (invitaţii) f • 초대

iubi (iubesc) • 사랑하다

iunie m • 6월

iulie • 7월

(se) îmbrăca (îmbrac) • 옷을 입히다(옷을 입다)

împotriva prep. • −에 반대해서

împreună • 함께, 같이

împrumuta (împrumut) • 빌리다, 빌려주다

în, prep. • 안에

înainte • 전에, 앞에

înalt, -ă, -ţi, -e • 높은, 큰

înapoi • 뒤로

încă, av. • 여전히, 그럼에도 불구하고, 한 편, 더

începe (încep) • 시작하다

încerca (încerc) • 노력하다

înceta (încetez) • 멈추게 하다, 중지시키다

închide (închid) • 닫다

închipui (închipui) • 상상하다, 추측하다 (3격 및 재귀동사로 많이 쓰임)

îngheţată (îngheţate) f • 아이스크림

înota (înot) • 수영하다

însă • 그러나, 한편

întâlni (întâlnesc) • 만나다

(se) întâmpla • 발생하다, 일어나다, 생기다

întârzia (întârzii) • 늦다

(se) întoarce (întorc) • (방향 등을) 돌리다, 돌아오다

întoarcere (întoarceri) f • 귀환, 돌아옴

întreba (întreb) • 질문하다

înţelege (înţeleg) • 이해하다

învăţa (învăţ) • 배우다, 가르치다, 공부하다

Japonia • 일본

joi, f • 목요일

jos • 아래 (pe jos 걸어서)

juca (joc) • 플레이하다, 경기하다 a se juca 놀다

jumătate (jumătăți) f • 절반, 1/2

la, prep. • –로, –에

lăsa (las) • 놓다, 내버려두다

lătra (latru) • 짖다

lăuda (laud) • 칭찬하다, 박수치다

lângă • –옆, 곁에

lecție (lecții) f • 교과, 수업

legumă (legume) f • 채소

leneș, leneșă, leneși, leneșe • 게으른

leu (lei) m • 사자, 루마니아 화폐단위

liber, liberă, liberi, libere • 자유로운

librărie (librării) f • 서점

licean (liceeni) m • 남자 고등학생

limbă (limbi) f • 언어, 혀

linie (linii) f • 선, 라인, 노선, 자

lipsi (lipsesc) • 결석하다, 빠지다, 부재하다

listă (liste) f • 목록

literă (litere) f • 글자, 문자, 문학

litoral, -ă, -i, -e • 해안의

litoral (litoraluri) n • 해안(선)

loc (locuri) n • 자리, 장소

locui (locuiesc) • 거주하다, 살다

logodnic (logodnici) m • 약혼남

logodnică (logodnice) f • 약혼녀

lovi (lovesc) • 부딪히다, 때리다, 치다

lua (iau) • 취하다

lucra (lucrez) • 일하다

lucru (lucruri) n • 일, 사물

lume (lumi) f • 세계, 세상(사람)

lună (luni) f • 달, 월, 개월

luni f. • 월요일

luptă (lupte) f • 싸움, 전투

magazin (magazine) n • 상점, 가게

mai, av. • 더, m 5월

mamă (mame) f • 어머니

manual (manuale) n • 교재, 교과서, 설명서

mare(sg) mari(pl) • 큰

mare (mări) f • 바다

marți f • 화요일

maro • 고동색의

masă (mese) f • 테이블, 식탁, 식사

mașină (mașini) f • 자동차, 기계

măr (mere) n • 사과

măsea (măsele) f • 어금니

mătușă (mătuși) f • 아주머니, 숙모

mână (mâini) f • 손

mânca (mănânc) • 먹다

mâncare (mâncări, mâncăruri) f • 음식

mâine • 내일

meci (meciuri) n • 경기

medic (medici) m • 의사

medicament (medicamente) n • 약

medicină (medicini) f • 의학

merge (merg) • 가다

mesaj (mesaje) n • 메시지

metrou (metrouri) n • 지하철

mic, mică, mici(pl) a • 작은, 조그만

miercuri f • 수요일

minte (minţi) f • 마음, 정신

minut (minute) n • 분

mire (miri) m • 신랑

mireasă (mirese) f • 신부

miros (mirosuri, miroase) n • 냄새

misiune (misiuni) f • 임무, 사명

mititel (mititei) m • 석쇠에 구운 소세지 모양의 고기경단

modern, modernă, moderni, moderne • 현대의

moment (momente) n • 순간

momentan, -ă, -i, -e • 잠깐, 잠시

mult, multă, mulţi multe • 많은

mulţumi (mulţumesc) • 감사하다, 고마워하다

mulţumită prep. • 덕분에

munte (munţi) m • 산

muri (mor) • 죽다

muta (mut) • 옮기다(a se muta 이사하다)

muzeu (muzee) n • 박물관

muzică (muzici) f • 음악

nas (nasuri) n • 코

naşte (nasc) • 낳다(a se naşte 출생하다, 태어나다)

naţional, naţională, naţionali, naţionale, a • 국가의, 국립의

neam (neamuri) n • 종족, 민족

necăsătorit • 미혼의

nemaipomenit • 말 할 수 없을 정도로

nepot (nepoţi) m • 조카, 손자

nepoată (nepoate) f • 여자 조카, 손녀

nici av. • −도 아닌(부정 강조)

nimeni • 아무도, 그 누구도(부정대명사)

nimic • 아무것도, 아닌 것(부정대명사)

nişte • 어느, 몇몇 (부정관사 남성여성 복수형)

noapte (nopţi) f • 밤

noiembrie m • 11월

noră (nurori) f • 며느리

normal, normală, normali, normale • 정상적인, 보통의

notă (note) f • 노트, 메모, 계산서

nou, nouă, noi(pl) • 새로운(din nou 다시 한 번)

nu · 아니오

nucă (nuci) 호두

număr (numere) n · 수

numara (număr) · 수를 세다

nume (nume) n · 이름

numi (numesc) · (이름)부르다, 명명하다

nuntă (nunți) f · 결혼(식)

nuvelă (nuvele) f · (단편)소설

o · 하나의(부정관사 여성 단수형)

obicei (obiceiuri) n · 습관, 관습(de obicei 늘, 항상, 습관적으로)

ochelari, m · 안경

ochi (ochi) m · 눈

octombrie m · 10월

ocupa (ocup) · 차지하다, 점유하다, 종사하다

ocupat · 점유된, 바쁜

(se) odihni (odihnesc) · 쉬다, 휴식하다

oferi (ofer) · 제공하다

oglindă (oglinzi) f · 거울

om (oameni) m · 사람

(se) opri (opresc) · 멈추어 세우다, 정지시키다(멈추다, 정지하다)

oraș (orașe) n · 도시

oră (ore) f · 시

orez, m · 쌀

organiza (organizez) · 조직하다

oricare · 각자의, 누구나 다, 어느 사람이든 (fiecare와 용법이 같음)

oricând · 언제든지, 언제나, 항상

oricât, oricâtă, oricâți, oricâte · 가능한(아무리) 많이 −라도. −하는 것(사람)

orice · 어느 것이든, 무엇이든, 모든(+ 단수 명사)

oricine · 누구든지, 누구든 간에(oricui는 여격, 소유격 형태)

oricum · 어쨌든, 어떻게 해서든

oriunde · 도처에, 어디든지, 어느 곳에서나

pa! · 안녕!

pace, f · 평화

pachet (pachete) n · 소포, 꾸러미

pahar (pahare) n · 컵

pacient (pacienți) m · 남 환자

pacientă (paciente) f · 여 환자

pagină (pagini) f · 페이지, 쪽

palton (paltoane) n · 외투

pantalon (pantaloni) m · 바지

pantof (pantofi) m · 구두, 신발

parc (parcuri) n · 공원

parte (părți) f · 부분, 편

partidă (partide) f · 게임, 경기

pas (pași) m · (발)걸음

pat (paturi) n · 침대

păcat (păcate) · 죄, 불행(din păcate 불행하게도)

pădure (păduri) f · 숲

părea (par) · 보이다, 생각되다, 인 것 같다. (3격 및 재귀동사로 많이 쓰임)

părere (păreri) f · 의견

pâine (pâini) f · 빵

până prep. · −까지

pe prep. · −위에, −을(를)

pensionar (pensionari) m · 연금수령자, 정년 퇴임자

pensiune (pensiuni) f · 펜션

pentru · −을 위하여

perfect, -ă, -ţi, -e · 완벽한

permite (permit) · 허락하다

peron (peroane) n · 플랫폼

peste prep. · −지나서, 넘어

petrece (petrec) · 동반하다, 통과하다, 보내다, 즐기다

petrecere (petreceri) f · 유희, 즐거움, 즐기기, 통과, 파티

piaţă (pieţe) f · 시장, 광장(a face piaţa 장 보다)

picior (picioare) n · 다리, 발

piele (piei) f · 가죽, 피부

pierde (pierd) · 잃어버리다

pijama (pijamale) f · 잠옷

pix (pixuri) n · 볼펜

plajă (plaje) f · 해변(a face plajă 일광욕하다)

plan (planuri) n · 계획

plată (plăţi) f · 계산, 지불

platformă (platforme) f · 플랫폼

plăcea · −좋아하다(3격지배동사 îmi place 나는 −좋아하다)

plăcere · 기쁨, 즐거움, 좋아함(Cu plăcere 천만에요 − Mulţumesc에 대한 응신)

plăti (plătesc) · 지불하다, 계산하다

plânge (plâng) · 울다

pleca (plec) · 가다, 떠나다

plecare, f · 떠남, 출발

(se) plimba · 산책시키다(산책하다)

ploaie (ploi) f · 비

ploua (plouă) · 비 오다

poezie (poezii) f · 시

poftă (pofte) f · 욕망, 식욕

pofti (poftesc) · 초대하다, 요청하다

poftim 부탁합니다, 다시 한 번 말씀해 주세요, 미안합니다, 자 여기에

poftiţi = poftim

poimâine · 내일모레

pom (pomi) m · 나무

popor (popoare) n · 민중, 대중

porc (porci) m · 돼지

porţie (porţii) f · 몫, 한 끼분

potrivit prep. • −따라

poveste (poveşti) f • 이야기

povesti (povestesc) • 이야기하다

prăji (prăjesc) • 튀기다

prăjit, prăjită, prăjiţi, prăjite • 튀긴

prânz (prânzuri) n • 점심

precum • 처럼

prefix (prefixuri) n • 접두사, 국번(전화)

prezenta (prezint) • 소개하다, 제출하다, 제시하다

prienten, -ă, -i, -e m, f, • 친구

primăvară (primăveri) f • 봄

proba (probez) • 시험하다, 증명하다

problemă (probleme) f • 문제

profesor (profesori) m • 남교사, 남 교수

profesoară (profesoare) f • 여교사, 여교수

program (programe) n • 프로그램

programare f. • 프로그램 짜기, 예약

promite (promit) • 약속하다

provincie (provincii) f • 지방

pune (pun) • 놓다, 두다

pungă (pungi) f • 주머니, 봉지

putea (pot) • 할 수 있다(조동사)

(se) rade (rad) • 면도하다, 깎아내다

radiografie (radiografii) • f, x선 촬영

raft (rafturi) n • 선반

rapid, rapidă, rapizi, rapide • 빠른

răceală (răceli) f • 추위, 감기

rămas (rămasuri) n • 남아있음, 머묾 (a-şi lua rămas bun de la …[누구와 헤어질 때] 작별인사 하다, 인사를 남기다

rămâne (rămân) • 남다, 남아있다

răspunde (răspund) • 대답하다

rău, rea, răi(pl) • 나쁜, 사악한

război (războaie) n • 전쟁

rând (rânduri) n • 열, 줄, 순서, 차례, 등급, 지위

râu (râuri) n • 강

rece, reci, a • 찬, 차가운

recent, recentă, recenţi, recente • 최근의, 근래

recita (recit) • 암송하다, 낭송하다

renova (renovez) • 쇄신하다, 개선하다

repara (repar) • 고치다

repede • 빨리

respira (respir) • 숨 쉬다, 호흡하다

rest (resturi) n • 나머지, 잔돈

restaurant (restaurante) n • 식당, 레스토랑

reţetă (reţete) f • 처방(전)

reuşi (reuşesc) • 성공하다, 이루다

revedere (revederi) f • 재회, 다시 봄

reveni (revin) • 다시 오다(re + veni)

revistă (reviste) f • 잡지

rezolva (rezolv) • 해결하다, 풀다

ridica (ridic) • 들어 올리다, 인출하다

rochie (rochii) f • 원피스

rol (roluri) n • 역할

românesc, românească, românești, a • 루마니아의

român, română, români, române, a • 루마니아의

român (români) m • 루마니아 남자

româncă (române) f • 루마니아 여자

românește av. • 루마니아어로

roșu, roșie, roșii(pl) • 붉은색의

rudă (rude) f • 친척

ruga (rog) • 요청하다, 바라다

rupe (rup) • 찢다

sacou (sacouri) n • 콤비상의

salată (salate) f • 샐러드

sală (săli) f • 방, 실(sală de curs 강의실)

sat (sate) n • 마을

sau • 또는

săptămână (săptămâni) f • 주

săpun (săpunuri) n • 비누

săruta (sărut) • 키스하다(Sărut mâna! 손등에 입을 맞춘다는 여성에 대한 존중의 표현)

sâmbătă f • 토요일

scaun (scaune) n • 의자

scăpa (scap) • 벗어나다, 탈출하다

schimb (schimburi) n • 교환, 바꾸기(casă de schimb 환전소)

schimba (schimb) • 바꾸다, 교환하다

scoate (scot) • 끄집어내다

scrie (scriu) • 쓰다, 적다

(se) scula (scol) • 깨우다(깨다)

scump, scumpă, scumpi, scumpe • 비싼

seamă f • 계산, 총량, 중요, 의미, 종류(a-și da seama • 알다, 알아차리다, 의식하다)

seară (seri) f • 저녁

secret (secrete) n • 비밀

semăna (semăn) • 닮다

seminar (seminare) n • 세미나

septembrie m • 9월

serios, serioasă, serioși, serioase • 진지한, 진지하게

servietă (serviete) f • 서류가방

sete f • 갈증

sfat (sfaturi) n • 충고, 조언

sfârșit, n • 끝, a 끝난

sfert (sferturi) n • 1⁄4

sigur, sigură, siguri, sigure • 확실한, 명백한

(se) simți (simt) • 감지하다, 느끼다(자각하다, 느끼다, 생각하다)

singur, -ă, -i, -e • 홀로

slab, slabă, slabi, slabe, a • 약한, 수척한

soacră (soacre) f • 시어머니, 장모

socru (socri) m • 시아버지, 장인

somn (somnuri) n • 잠

soră (surori) f • 여자형제

sosi (sosesc) • 도착하다

soţ (soţi) m • 남편

soţie (soţii) f • 아내(= nevastă)

sparge (sparg) • 부수다

(se) spăla (spăl) • 씻어주다, 헹구다(씻다)

spectacol (spectacole) n • 공연

spital (spitale) n • 병원

sport (sporturi) n • 스포츠

spune (spun) • 말하다

sta (stau) • 있다, 서다

stabili (stabilesc) • 확고하게 하다, 결정하다, 정주하다

staţie (staţii) f • 정거장, 정류장

stâng, stângă, stângi(pl) • 왼(쪽)

sticlă (sticle) f • 병

stilou (stilouri) n • 만년필

stradă (străzi) f • 거리

străin, -ă, -i, -e • 외국의, m, f, 외국인

strânge (strâng) • 조이다, 모으다

strica (stric) • 망가트리다, 못쓰게 하다, 파손하다

student (studenţi) m • 남자 대학생

studentă (studente) m • 여자 대학생

studia (studiez) • 공부하다

studiu (studii) n • 공부, 학업

subiect (subiecte) n • 주제, 테마,

suferi (sufăr) • 괴로워하다, 견디다

suficient, suficientă, suficienţi, suficiente • 충분한

sui (sui) • 올라가다, 오르다

suna (sun) (벨을) • 울리다, 전화하다

supăra (supăr) • 화나게 하다, 괴롭히다

superior, superioară, superiori, superioare • 우등한

suporta (suport) • 참다, 견디다, 이겨내다, 부담하다

sus • 위(로)

şah (şahuri) n • 서양장기

şarpe (şerpi) m • 뱀

şcoală (şcoli) f • 학교(şcoală elementară 초등학교, şcoală generală 중학교)

şef (şefi) m • 남자 대장, 리더

şefă (şefe) f • 여자 대장, 리더

şi • 그리고

şti (ştiu) • 알다

tablă (table) f • 판자, 칠판, 주사위놀이

tabletă (tablete) f • 정제, 알약

tablou (tablouri) n · 그림, 액자

tată (taţi) m · 아버지

taxi (taxiuri) n · 택시

tăcea (tac) · 침묵하다

tăia (tai) · 자르다, 베다

tânăr, tânară, tineri, tinere · 젊은

tânăr (tineri) m · 남자 젊은이

tânără (tinere) f · 여자 젊은이

târziu, târzie, târzii(pl) a, av · 늦은, 늦게

teatru (teatre) n · 연극, 극장

telefon (telefoane) n · 전화

telefona (telefonez) · 전화하다

televizor (televizoare) n · 텔레비전

temă (teme) f · 주제, 숙제

termina (termin) · 끝마치다. 끝내다

text (texte) n · 텍스트, 문헌

timbru (timbre) n · 우표

timp (timpuri) n · 시간, 세월

toamnă (toamne) f · 가을

tot, toată, toţi, toate, a · 모든

totuşi · 에도 불구하고

traduce (traduc) · 번역하다

trage (trag) · 잡아당기다, 끌다

tramvai (tramvaie) n · 전차

tratament (tratamente) n · 치료(법), 처치

trăi (trăiesc) · 살다

trebui (trebuie) · –해야만 한다

trece (trec) · 들리다, 거치다

trecut, trecută, trecuţi, trecute · 지난

tren (trenuri) n · 기차

trimite (trimit) · 보내다

trist, tristă, trişti, triste · 슬픈

turist (turişti) m · 관광객

ţară (ţări) f · 나라, 지방, 시골

ţine (ţin) · 쥐다, 잡다, 유지하다

(se) uita (uit) · 잊다, 망각하다(vr. 보다)

umăr (umeri) m · 어깨

umbrelă (umbrele) f · 우산

un · 하나의(부정관사 남성 단수형)

unchi (unchi) m · 아저씨, 삼촌

unde, av · 어디에

undeva · 어딘가(에)

unghi (unghiuri) n · 각, 각도

unghie (unghii) f. · 손톱, 발톱

unic, -ă, -i, -e · 유일한

universal, -ă, -i, -e · 일반적인, 보편적인,
    우주의, 세계의

universitar, -ă, -i, -e · 대학의

universitate (universităţi) f • 대학(교)

urca (urc) • 올라가다, 올라타다

ureche (urechi) f • 귀

urî (urăsc) • 미워하다

urgent, urgentă, urgenţi, urgente • 긴급의, 응급의

urgenţă (urgenţe) f. • 응급, 긴급

urma (urmez) • 뒤따르다

urmă (urme) f • 자취, 자국(pe urmă 따라서, 이후)

urs (urşi) m • 곰

uşă (uşi) f • 문

uşor, uşoară, uşori, uşoare, a, av, • 쉬운, 쉽게

vacanţă (vacanţe) f • 휴가, 방학

vagon (vagoane) n • 기차의 객차

valută (valute) f • 외화, 경화

vară (veri) f • 여름

văcuţă (văcuţe) f • 작은 소, 송아지(vacă 암소 의 축소형)

văr (veri) m • 남자 사촌

vârstă (vârste) f • 나이

vechi, veche, vechi(pl.) • 낡은, 오래된

vecin (vecini) m • 남자 이웃

vecină (vecine) f. • 여자 이웃

vedea (văd) • 보다

veni (vin) • 오다, 가나

verde(sg) verzi(pl) • 초록색의

verişoară (verişoare) f • 여자 사촌

viitor (viitoare) n • 미래

vilă (vile) f • 빌라

vin (vinuri) n • 포도주

vinde (vând) • 팔다

vineri f • 금요일

vizita (vizitez) • 방문하다

vizită (vizite) • 방문

vocală (vocale) f • 모음

voi (voiesc) • 원하다

voie (voi) f • 의지, 의도, 의사, 의향

vorbă (vorbe) f • 말, 단어(a sta de vorbă cu −와 말하다, 담소하다)

vrea (vreau) • 원하다

vreme (vremuri − vremi) • 시간, 날씨, 절기

zâmbi (zâmbesc) • 미소 짓다

zi (zile) f • 날, 일(pe zi 매일)

ziar (ziare) n • 신문

zice (zic) • 말하다

zilnic av • 매일

1과

1. 남성, 여성, 여성, 여성, 남성, 남성, 여성, 남성, 중성, 중성

2. studente, elevi, zile, case, români, uşi, copii, hoteluri, chei, coşuri

3. Cine / Ce, Cine / Ce, Unde

4. sunt, eşti, este, suntem, sunteţi, sunt

5. 1) Cine sunt ei?

   2) Eu sunt din Coreea.

   3) Ea este în cameră.

2과

1. această, aceasta, acest, acesta, aceste, acestea, aceşti, aceştia

2. cursul, biletul, universitatea, librăriile, lecţia, colegii, coşurile

3. o, o, un, o, un, un, un

4. Mă, îl, Ne, Îi

5. frumoasă, bun, moderne, albi

6. 1) De ce nu mănânci?

   2) Cum este vremea?

   3) Acest student studiază mult. / Studentul acesta studiază mult.

   4) Eu merg cu ea la universitate.

3과

1. o sută trei, şaisprezece, douăzeci şi patru, patru mii trei sute cincizeci şi opt, şaizeci şi şapte

2. (E) douăsprezece şi un sfert. (E) cinci şi jumătate, (E) zece şi douăzeci şi cinci, (E) patru fără zece, (E) şapte fix.

3. vin, vii, vine, venim, veniţi, vin / mănânc, mănânci, mănâncă, mâncăm, mâncaţi, mănâncă / am, ai, are, avem, aveţi, au / vreau, vrei, vrea, vrem, vreţi, vor / iau, iei, ia, luăm, luaţi, iau / hotărăsc, hotărăşti, hotărăşte, hotărâm, hotărâţi, hotărăsc / învăţ, înveţi, învaţă, învăţăm, învăţaţi, învaţă

4. 1) Câţi studenţi sunt în cămin?

   2) La ce oră soseşte trenul?

   3) Când începe filmul?

   4) În Facultatea de Litere sunt 230(două sute treizeci) de studenţi.

4과

1. duminică, miercuri, vineri, sâmbătă, primăvară, toamnă, iarnă

2. Întâi iulie, douăzeci şi două aprilie, douăzeci şi unu august, douăsprezece noiembrie

3. de, lângă, la, pe, fără, la, după

4. taci, coboară, ai, mergi, rămâi, fii, stai, bea, vino, fă

5. 1) Astăzi e vineri, întâi iulie 1996(o mie nouă sute nouăzeci şi şase).

   2) Fiecare student învaţă harnic.

   3) Pe masă e o carte de limba română.

   4) Unul din noi lucrează în firmă.

5과

1. ajungă, vină, înveţe, meargă, fie

2. ceară, aibă, stea, aştepte, plece, iasă, înceapă, bea, mănânce

3. îţi, îi, O, Mă

4. Ţi-i dă. Vi le cere. I le împrumută. Ni-l aduce.

5. 1) Vreau să beau vin roşu.

   2) Îmi place să ascult muzică modernă.

   3) Mie îmi promite să aducă revista.

   4) Vreţi să beţi ceva?

5) Nu-mi cere nimic.

6과

1. noastre, voştri, ei / sa, meu, tale

2. cel, cea

3. bătut, fost, băut, ştiut, avut, mâncat, mers, făcut, rămas, văzut

4. ne, o, le, ne, mi, ţi, l(a întreba 동사는 4격 지배동사이다 - 10과 문법 참조), o

5. 1) Am o familie mare.

   2) Are trei fraţi şi două surori.

   3) Tatăl vostru este inginer.

   4) Aduce copiilor mei manuale noi.

   5) Întreabă când vine profesorul.

7과

1. al, a, ale, ai

2. care, care, cărui, căruia / căreia, a căror

3. care, care, căreia, cărui, ale cărui

4. Ion întreabă unde merge Sorin acum. Sorin răspunde că merge la cinematograf. Ion întreabă cu cine merge Sorin. Sorin răspunde că merge cu Radu. Ion întreabă dacă Sorin are un bilet în plus. Sorin spune că n-are.

5. 1) Pot să vorbesc cu domnul Stănescu?

   2) La telefon este (= vorbeşte) Hong Ghil Dong.

   3) Din păcate n-am timp acum.

   4) Cine este la telefon?

   5) Acest telefon nu mai funcţionează (= merge).

8과

1. ca, decât, decât, ca

2. Mi, Îţi, Vă, Îi

3. se trezeşte, ne spălăm, mă bucur, te duci, se uită

4. cel mai bun, cel mai vechi, cea mai frumoasă, cea mai înaltă

5. 1) Trenul acesta opreşte în Predeal?

   2) Cât costă un bilet dus-întors până la Constanţa?

   3) Ana este la fel de frumoasă ca (şi) Silvia.

   4) Ieri a fost mai puţin cald decât astăzi.

   5) Îmi place să văd filme.

9과

1. intram, dădeam, citeam, lucram, eram, stăteam, voiam, vorbeam, întorceam

2. aducând, fiind, văzând, căzând, crescând, făcând, permiţând, întorcând

3. Aflând vestea, s-a bucurat. Neavând timp liber, n-am putut face piaţa. Trezindu-mă
   târziu, am pierdut trenul. Te-am văzut ieşind de la cinema.

4. Spunea, locuiam, plăcea, era

5. 1) Când era tânăr, era frumos.

   2) Ei locuiau într-un sat unde aveau o casă mică şi frumoasă.

   3) În fiecare an ei îmi trimiteau felicitări de Anul Nou.

   4) Citind scrisoarea, mama a ascultat muzică.

   5) Văzându-mă s-a bucurat foarte mult.

10과

1. O, Te, mă, vă, O

2. Ne, îşi, ne, Îţi

3. Vrea să-şi repare bicicleta. Şi-a întâlnit prietenii la munte. Mi-am invitat colegele la
   masă. Nu v-aţi văzut de mult mama?

4. 1) Mi-a plecat prietenul.

   2) Îşi aduce aminte că mâine vine ea.

3) Mă interesează să citesc cartea.

4) Eu însumi am rezolvat această problemă.

5) Trebuie să consult un medic.

11과

1. Am 또는 O, Vei, Vor, Avem 또는 O

2. Tu ai fost condus de ea. O maşină nouă a fost cumpărată de noi. Fratele cel mic este bătut de fratele cel mare. Noi vom fi invitaţi la masă de Sanda. Bicicleta a fost vândută de Radu. Basmul era povestit de bunica.

3. Cumva, Nici unul, Cândva, cineva, tuturor, Undeva

4. 1) I-am invitat pe toţi prietenii la mine acasă.

   2) O să se întoarcă (= Se va întoarce) după o lună.

   3) De ce n-o să-i aştepţi la gară? (= De ce n-ai să-i aştepţi la gară?)

   4) Acest buchet de flori este adus de el.

   5) Haina pe care am îmbrăcat-o ieri a fost făcută de mama.

12과

1. Ar sta, n-am lua, S-ar întoarce, Şi-ar închipui, Aţi ajunge

2. S-ar fi stabilit într-un oraş. Dacă ar fi vrut, ar fi putut să câştige. Dacă aş fi ştiut că vine, aş fi aşteptat-o. N-ar fi pierdut avionul, dacă s-ar fi grăbit.

3. Cui, Pe cine, Ale cui, Ai cui

4. vreo, vreuna / vreunele, nimic, nimeni

5. aceeaşi, celălalt, aceleaşi, ceilalţi

6. 1) Nu-mi place haina asta, de aceea o voi cumpăra pe cealaltă.

   2) Tatăl se îmbracă mereu în acelaşi costum.

   3) Dacă am fi învăţat mult, am fi luat examenul.

   4) N-aş fi crezut că pierde trenul.

   5) Al cui este acest creion?